Einmal Europa und zurück
eine Weltreise dreier Aale

Markus Benckert

Einmal Europa und zurück

eine Weltreise dreier Aale

Bibliografische Information Der Deutschen Bibliothek:
Die Deutsche Bibliothek verzeichnet diese Publikation
in der Deutschen Nationalbibliografie; detaillierte
bibliografische Daten sind im Internet über
http://dnb.ddb.de abrufbar

Copyright © 2005 Markus Benckert
Herstellung und Verlag: Books on Demand Gmbh,
Norderstedt
Umschlaggestaltung Wiebke Rohland (Entwurf Klaus
Puvogel)
ISBN 3-8334-4767-2

Otto wird geboren

Als die kleine Aallarve Otto das erste Mal in ihrem Leben die Augen öffnet, kann sie gar nichts sehen. Es ist schwarz vor ihren Augen, schwärzer als ein tiefes Loch in der Erde, schwärzer als ihre eigenen kohlschwarzen Augen, was eigentlich kaum möglich ist. Um sie herum ist eine weiche Wand, die wie eine Gummihaut am ganzen Körper drückt. Otto ist eingeschlossen, wie in einen Luftballon.

Früher hat ihn diese Hülle nicht gestört, sie hat ihn sogar vor allem beschützt, was einer Aallarve so passieren kann, und das ist nicht wenig. Tiefseegarnelen spazieren durch den Tang und hoffen darauf, eine Aallarve zu entdecken. Mit ihren langen, scharfen Scheren schnappen sie nach ihrer Lieblingsspeise, und gegen diese Scheren hat keine Aallarve eine Chance. Auch kleine Barsche mit riesigen Augen, die sogar in dieser Dunkelheit noch etwas sehen können, flitzen immer hungrig durch den Dschungel. Und wer sich aus dem Tang wagt, wer im freien Wasser schwimmen will, der wird vielleicht von einem riesigen Wal verschluckt, der kleine Aale, Schwimmkrebse und andere Fische tonnenweise frißt.

Von diesen Gefahren weiß Otto nichts. Mit aller Kraft drückt er gegen die Eihülle, die ihn seit heute nicht mehr schützt, sondern ihm zum Gefängnis geworden ist. Mit seinem Kopf sucht er eine weiche Stelle, mit seinen kleinen Zähnen versucht er in die Wand zu beißen, aber er rutscht immer wieder ab, noch ist die Hülle stärker als er. Später versucht er sich zu strecken. Mit Kopf und Schwanz drückt er gegen die

Hülle, den Körper pfeilgerade, da muß die Wand doch reißen. Vor Anstrengung bekommt er schon einen roten Kopf, rot wie eine Ampel, kurz bevor sie auf Grün umspringt, was äußerst selten und sehr gefährlich ist. Die verfressenen Barsche können rote Köpfe sehr gut erkennen, und sie sind sehr gierig danach, denn angestrengte Aallarven sind eine Delikatesse für sie.

Otto weiß das nicht. Mit noch mehr Kraft drückt er und streckt sich, fast könnte sein Kopf noch vor der Eihülle platzen. Sein Kopf ist jetzt so rot, daß man es nicht mehr beschreiben kann, sein Schwanz ausgestreckt wie noch nie, da endlich reißt die Hülle. Mit schlängelnden Bewegungen, gar nicht angestrengt, schlüpft er aus der Hülle, die noch über seinem Kopf steckt, wie eine Pudelmütze, die man über Nase und Ohren gezogen hat. Aber ein bißchen Ruckeln, ein schneller Schwanzschlag, und Otto ist auch die Mütze los. Noch nicht aus Hunger, so kurz nach einer großen Anstrengung hat kein Aal Hunger, kaut Otto an seiner Eihülle. Diese Hülle, die erst sein Schutz, dann sein Gefängnis war, ist sehr nahrhaft, genau das Richtige für einen frisch geborenen Aal. Genüßlich kaut Otto an der Haut, so wie das viele, fast unendlich viele Aallarven tun, die alle zur gleichen Zeit geboren werden. Je nach Appetit dauert das ungefähr eine Woche, dann ist dieser Vorrat aufgebraucht, dann ist Otto geboren.

Wenn Aale geboren werden, dann leben ihre Eltern schon längst nicht mehr. Aber sie haben trotzdem eine riesengroße Familie. Sie haben mehr Geschwister, als Menschen in einer Stadt wohnen, so viele, daß ihr ganzes Leben nicht ausreicht, sie alle kennenzulernen. Und hundertmal mehr Cousinen und Cousins, deswegen ist für einen Aal eine Cousine gar keine Verwandte mehr. Direkt nach ihrer Geburt sind Aale von ihren Geschwistern umzingelt. In großen Haufen verklumpt essen sie ihre Eihülle im Kreis der Familie. Später suchen sich dann etwas zu essen, und schon als winzige Babys, kleiner als einer unserer Fingernägel, ziehen sie in den Golfstrom. Sie haben keine Landkarte, nicht einmal eine Wegbeschreibung, und trotzdem kennen alle die Richtung: nach oben. Alle schlängeln sich in Windeseile, manche singen dabei, und wenn einer den unentschlossenen Otto bemerkt, der unter jedem Blatt nachsieht, ob er nicht etwas zu knabbern findet, dann ruft er ihm zu, daß er schnell mitkommen solle, alle Aale treffen sich im Golfstrom.

Ein bißchen zögert Otto noch. Es ist alles so interessant hier, warum sollte er nach oben, und was ist der Golfstrom überhaupt. Natürlich wird er folgen, er will ja nicht alleine zurückbleiben, wenn alle anderen eine große Reise machen. Nur schnell noch hier und da forschen, noch ein Blatt von allen Seiten untersuchen, er kann ruhig etwas später kommen. Unter dem letzten Blatt, unter dem Otto schnell noch einmal gucken will, so wie Menschen in einem Supermarkt, ob sie auch nichts vergessen haben, schlängelt sich eine andere kleine Aallarve. Neugierig riecht Otto in ihre Richtung. Aale können sehr gut riechen, viel besser als Menschen und sogar noch besser als Hunde. Otto riecht, daß er ein Mädchen getroffen hat. Vorsichtig schlängelt er sich näher, um ihre Bekanntschaft zu machen. Monika hat Otto sofort bemerkt und sieht ihn gespannt an. Er gefällt ihr.

Zwar sehen Aale in dem Alter sich sehr ähnlich, aber kleine Unterschiede gibt es, die vielleicht Menschen nicht, einem Aal jedoch sofort auffallen. Otto schlängelt eleganter, seine Muskeln zeigen sich in jeder Bewegung besonders deutlich, und seine Augen sind schwärzer als alles, was Monika bisher gesehen hat.

„Kommst du mit mir zum Golfstrom? Die anderen sind schon los."

So kurz nach ihrer Geburt sind Aallarven noch sehr schüchtern. Es kostet Otto Überwindung, Monika zu fragen, denn was, wenn sie nein sagte? Aber Monika ziert sich nur ein bißchen, woran man sieht, daß Aale manchmal wie kleine Menschen sind, sie will gerne mit Otto reisen. Gegenseitig geben sie sich einen Namen, damit sie sich rufen können, dann beginnen sie gemeinsam ihre lange, lange Reise.

In den Golfstrom

Der Ort, an dem Otto und Monika geboren sind, liegt kurz vor Amerika in der Sargasso-See, was unvorstellbar weit weg ist, jedenfalls für so kleine Fische, die noch nicht einmal wissen, daß es Flugzeuge gibt. Außerdem liegt der Ort 2000 Meter tief im Meer, was man sich noch viel weniger vorstellen kann. Ganz dunkel ist es da unten, so daß man nur mit riesigen Augen etwas sehen kann. Die Köpfe von Aallarven bestehen fast nur aus Augen. Ein kleiner Mund, zwei winzige Nasenlöcher und riesige Augen, mit denen sie sogar in dieser Tiefe etwas sehen können. Trotzdem verlassen alle Aale diesen Ort, sobald sie ihre Eihülle aufgegessen haben.

Es ist dunkel da unten, es ist kalt, es gibt wenig zu essen und die Barsche jagen Aale ohne Unterbrechung. Das allein wäre noch kein Grund, seine Heimat zu verlassen. Wer weiß denn, ob es an anderen Orten besser ist. Der Grund liegt in den Köpfen der Aale. In ihrem Kopf ist ein Traum von einem Leben, und für diesen Traum, den die Menschen Instinkt nennen, reisen sie weit. Aber die Dunkelheit, die werden sie ihr ganzes Leben lang lieben. Immer wenn es ihnen schlecht geht, wenn sie Angst bekommen und wenn sie müde werden, dann suchen sie sich einen ganz dunklen Platz, am besten eine Höhle, die sie an die Sargasso-See erinnert.

Otto und Monika schlängeln sich nach oben, ganz nah beieinander, damit sie sich in dem Gewimmel nicht verlieren. Sie rufen nicht nach den anderen, weil sie niemanden vermissen. Es geht ihnen gut zu zweit, und falls sie sich doch einsam fühlen sollten, sind die anderen doch in ihrer Nähe. Bei so vielen Aalen kann keiner wirklich allein sein.

Langsam wird das Dickicht dünner. Zwischen den Blättern ist mehr Platz, von oben kommt ein Lichtschimmer. Er ist noch so schwach, daß kein Mensch ihn sehen könnte, aber Otto, der noch größere Augen als Monika hat, sieht ihn und beginnt sich zu beeilen. So schnell sie können schwimmen sie dem Licht entgegen, alle Aale schwimmen jetzt schnell. Wie ein riesiger Baum, der im Herbststurm seine Blätter verliert, scheint der Tang zu erzittern und eine unglaubliche Anzahl durchsichtiger, winziger Aallarven aus seinem Dunkel zu schütteln. Und kaum verlassen sie den Tang, kaum schwimmen sie durch freies Wasser, erklärt sich alle Eile: Die ersten Räuber,

9

riesige Wale, die mit einem einzigen Schluck badewannenweise Wasser in ihr Maul nehmen können, saugen sich voll Wasser und filtern all die kleinen Aale durch ihre Zähne. Das Wasser spucken sie natürlich aus, die Aale essen sie. Und weil sie so groß sind, und die Aale so klein, machen sie das immer wieder, bis sie endlich satt sind. Es dauert sehr lange, bis auch nur ein einziger Wal satt ist. Monika und Otto wissen nichts von Walen, wer hätte ihnen davon auch erzählen können, instinktiv beeilen sie sich. Ein heißer Schreck durchfährt sie gleichzeitig, als sie direkt neben dem Auge eines Wals schwimmen. Blitzschnell versuchen sie zu entkommen, aber ein so kleiner Aal kann gar nicht blitzschnell schwimmen. Zum Glück sind sie so klein, daß der Wal sie nicht sehen kann. Ungerührt schwimmt der weiter, ißt noch tausende kleiner Aale, aber läßt Otto und Monika wunderbarerweise in Frieden.

Ohne daß Monika oder Otto es bemerken, niemand in dieser Masse von Aalen bemerkt das, beginnt das ganze Meer sich zu bewegen. Vom Ende des Tangs bis zu den Wellen an der Meeresoberfläche strömt das Meer und bringt die Aale ganz langsam nach Europa. Und das Wasser strömt nicht nur, es ist auch wärmer als noch mitten im Tang, die Aale sind im Golfstrom.

Hunger

Fische sind immer so warm, wie das Wasser in dem sie schwimmen. Sie frieren nie, und sie schwitzen auch nicht, ob es nun heiß ist oder das Wasser fast zu Eis gefriert. In warmem Wasser bewegen sich Fische schneller, sie haben mehr Hunger und spüren eine

Lebenslust, wie ein Mensch in der Vormittagssonne eines schönen Frühlingstags. Je kälter es wird, desto langsamer wird ein Fisch, bis er sich schließlich zur Ruhe begibt. Die Aale in unseren Flüssen und in Nord- und Ostsee halten eine lange Winterruhe, einfach weil es ihnen zu kalt wird.

Im Tang war das Wasser nur etwa vier Grad warm oder eher vier Grad kalt. Die Aale konnten gerade schlüpfen und ihre Eihülle essen, aber sie bewegten sich dabei langsam. Sie hätten es lieber wärmer gehabt, auch wenn sie die Kälte nicht wirklich spürten. Je höher sie schwammen, desto wärmer wurde das Wasser, bis sie sich jetzt im warmen Golfstrom tummeln können, der mehr als dreimal so warm ist. Otto und Monika, die gar nicht wissen, wie warm Wasser noch werden kann, spüren, wie vergnügt sie werden. Sie tollen umeinander, beißen sich gegenseitig in den Schwanz, sie toben, wie nur kleine Kinder toben können. Sie freuen sich, wie noch nie in ihrem kurzen Leben, bis sie ein neues Gefühl kennenlernen. Sie werden zum ersten Mal in ihrem Leben hungrig.

Der erste Hunger erstaunt Otto über alle Maßen. Ein kneifendes Gefühl mitten aus seinem Bauch, und dort ist nichts zu sehen. So ein durchsichtiger Aal hat es ja besser als jeder Menschendoktor. Ein Mensch braucht Röntgenaugen oder viele Instrumente, um in einen Bauch sehen zu können, ein kleiner Aal muß dagegen nur die Augen öffnen. Aber so angestrengt Otto auch guckt, er sieht nichts. Da ist nichts, das wehtun könnte. Er fragt Monika, die noch näher an ihn heranschwimmt, bis sie mit den Augen direkt vor seinem Bauch ist, aber auch sie sieht nichts. Wenn seine Eltern noch lebten und in der Nähe wären, dann könnte er sie fragen, aber wie die meisten Fische wachsen Aale ohne Eltern auf. Sie müssen alles selbst herausfinden, aber es kann ihnen auch niemand etwas verbieten. Als Otto zum ersten Mal Hunger verspürt, kann er niemanden fragen, was er spürt, und zu sehen ist nichts. Er versucht, das Gefühl zu verdrängen, einfach nicht darauf zu achten, er versucht weiterzuleben, wie in den ersten Tagen seines noch kurzen Lebens, bis Monika das gleiche Gefühl verspürt. Auch in ihrem Bauch ist nichts zu sehen, und Otto beginnt sich Sorgen zu machen. Bauchweh ist ja auch kein schönes Gefühl.

Die Lösung ihres Rätsels ist dann so einfach, daß sie noch lange darüber lachen müssen. Als Otto Monika durch einen neckischen Biß in die Schwanzspitze von ihren Sorgen ablenken will, beißt er auf ein kleines Planktonteilchen, das ihm nur zufällig zwischen die Kiefer schwimmt. Dieses Teilchen bewegt sich in seinem Mund, es versucht zu entkommen, und löst damit einen Reflex in Otto aus. Ohne es zu wollen verschluckt Otto das Plankton und erschrickt dabei so furchtbar, daß er nicht weiterschwimmen kann, sondern wie tot im Wasser treibt. Aber wider Erwarten geschieht nichts Schlimmes. Im Gegenteil, der eben noch bohrende Hunger löst sich auf, der eben noch schreiende Magen hat etwas zu tun und verlangt schon bald nach mehr.

Nun kann ein so kleines Teilchen nicht einmal den allerkleinsten Aal satt machen, aber es bringt Otto und Monika auf die Idee, daß sie hungern und nur etwas essen müssen, damit es ihnen wieder besser geht. Die nächste Zeit verbringen sie damit, nach

Plankton zu suchen, bald auch winzige Krebse zu jagen, die strenggenommen auch zum Plankton gehören. Die beiden schlagen sich den Bauch derartig voll, daß sie deswegen kaum noch schwimmen können. Bewundernd langsam umkreisen sich die beiden, ihren Blick fest auf den Magen des anderen gerichtet. Sie können die kleinen Tierchen sehen, die langsam aufhören zu zappeln und sich in einen grauen Brei auflösen.

Otto und Monika sind begeistert. Das Wasser ist wärmer geworden, sie können schneller schwimmen, sie können sogar tanzen, so wie Aale eben tanzen, und das kann sehr wild werden. Sie haben gelernt zu essen und anschließend ihre eigene Verdauung zu beobachten, was für sie so spannend ist, wie ein guter Film im Kino. Wenn sie gerade gegessen haben, dann sind sie zu träge um zu tanzen oder zu spielen, dann gucken sie sich gegenseitig in den Bauch. Wenn sie verdaut haben, dann spielen und tanzen sie, bis sie bald wieder Appetit bekommen, dann vergehen Stunden mit jagen, essen und ausruhen. Sie haben es aus dem kalten Tang bis in den warmen Golfstrom geschafft, sie sind dem gierigen Wal entkommen, und nun zappeln sie mit Millionen von Aalen im Wasser und denken weder an gestern noch an morgen.

Nun mag man glauben, daß Monika und Otto ihr Leben im Meer verbringen werden, wo sie doch nicht weiter schwimmen als bis zum nächsten Plankton, und Plankton ist praktisch überall, selbst beim Tanzen bewegen sie sich auf der Stelle. Seit ihrem Aufbruch aus dem Tang, als alle in eine Richtung drängten und niemand zurückbleiben wollte, haben sie kein Ziel mehr, sie schwimmen nirgendwo hin. Und dennoch nähern sie sich Europa unaufhaltsam, weil sie sich im Golfstrom tummeln. Dieser Golfstrom ist eine mächtige, breite und starke Strömung, die von Amerika über den ganzen Atlantik, vorbei an den Kanarischen Inseln, an Spanien, Frankreich und England, vorbei an Deutschland und Dänemark bis nach Norwegen reicht und alle kleinen Aale mitschleppt, die den Weg aus dem Tang gefunden haben. Einige Geschwister von den beiden haben diesen Weg nicht gefunden, die bleiben in Amerika, was auch kein schlechter Platz für einen Aal ist.

Monika und Otto schwimmen im Golfstrom, sie essen und tanzen, sie spielen und ruhen sich aus. Sie tun, was alle Kinder tun, seien es Menschenkinder, Vogelkinder oder eben Aalkinder, und werden dabei unzertrennlich. Dieses Leben wird sich drei lange Jahre nicht ändern, denn so lange dauert es, bis der Golfstrom Land erreicht. Den Aalen wird es dabei nicht langweilig, sie wissen ja nicht einmal, daß sie sich auf einer so langen Reise befinden. Sie fühlen sich zu Hause mitten im Wasser. Hier können sie jede Nacht neue Freunde kennenlernen, sie werden immer kräftiger und tanzen wilder. Sie fangen an, kriegen zu spielen und Wettschwimmen zu veranstalten, was bald ihre Lieblingsbeschäftigungen werden, natürlich erst nach dem Essen.

Eine große Veränderung, die schon nach wenigen Monaten beginnt, vertreibt den kleinsten Anflug von Langeweile. Ihr bei ihrer Geburt noch schlangenförmig runder Körper beginnt an Bauch und Rücken zu wachsen. Bald platt wie eine Scholle, die auf der Seite schwimmt, ähneln die Aale nach kurzer Zeit einem Blatt von einer Weide. Darum werden sie in diesem Alter auch Weidenblattlarven genannt. Ihr Leben ändert sich dadurch nicht. Sie tollen weiter umeinander wie zuvor, nur ein entfernter Beobachter glaubt sich jetzt an einem Kanalufer im Frühling, wenn alle Weiden ihre silbrigen Blätter in leichten Brisen rauschen lassen.

Olaf wird ihr Freund

Eines Nachts fällt Monika ein Aal auf, der ganz in ihrer Nähe versucht, sein Essen zu fangen. Er ist noch sehr klein, noch schlangenrund, kaum der Ansatz eines Weidenblatts ist an ihm zu erkennen, und er ist sehr schwach. Selbst die langsamen kleinen Krill-Krebse können ihm immer wieder entkommen. Er heißt Olaf und ist sehr scheu. Kaum hat Monika ihm seinen Namen gegeben, dreht er sich um und jagt weiter. Bekümmert beobachtet Monika seine vergeblichen Versuche und beschließt, ihm sofort zu helfen. Mit einer Bewegung ihres kräftigen Schwanzes, der allein größer ist als der ganze Olaf, schießt sie auf einen Krebs zu und hat ihn schon im Maul. Ein vorsichtiger Biß, sie will ihn ja nicht essen, und der Krebs zappelt nicht mehr. Mit ihrer Beute schwimmt sie zu Olaf, um sie ihm zu schenken. Aber Olaf will ihr Geschenk nicht. Er will selbst fangen, was er ißt. Stolz wie er ist, will er lieber sterben, als sich helfen zu lassen. Monika kann kaum mit ansehen, wie der kleine Olaf sich abmüht und dennoch keinen Krebs fangen kann. Sie selbst würde sich helfen lassen, sie freut sich über jeden Krebs, den Otto ihr schenkt, und deswegen weiß sie nicht, was sie tun soll. Erstaunt sieht sie Otto, der den von Olaf verschmähten Krebs genüßlich verspeist und scheinbar ungerührt sein Leben aus Jagd und Tanz weiterlebt. Sie will ihn schon anschreien, er hat Olaf doch gesehen, seine Hilfsbedürftigkeit, seinen schrecklichen Zustand, wie kann er da so herzlos weiterfuttern, sogar den verschmähten Krebs? Sie will auf ihn zuschwimmen, um ihn recht laut anbrüllen zu können, so soll ihr Freund nicht sein, da sieht sie ihn einen Krebs fangen, den er nicht totbeißt und nicht verschluckt. Mit einem Schlenker, für den man schon sehr genau hinsehen muß, läßt Otto den halb betäubten Krebs direkt vor Olafs Nase frei. Und sein Trick funktioniert: Olaf hat nicht bemerkt, daß Otto ihm einen Krebs gefangen hat, er bemerkt nur einen müden Krebs. Endlich einer, den er fangen kann, endlich einer, der seinen Hunger stillt. Zufrieden seufzend läßt er den Krebs in seinen Magen rutschen, der nun etwas leiser knurrt.

Otto und Monika gewöhnen sich daran, in Olafs Nähe zu bleiben. Von diesem unbemerkt fangen sie Krebse für drei. Das dauert zwar etwas länger, es bleibt ihnen weniger Zeit für ihre geliebten Spiele, aber die Freude, Olaf wachsen und kräftig werden zu sehen, ist viel größer als die Freude an jedem Spiel. Und Olaf wird schnell kräftiger. Die beiden fangen ihm keine Krebse mehr, sie treiben sie auf ihn zu, damit er sie selbst jagen kann. Bald ist dann auch das nicht mehr nötig, Olaf ist stark und schnell geworden, und ihr Freund, dem Monika nun auch selbstgefangene Krebse schenken darf.

Früher hat man Otto nie ohne Monika, und Monika nie ohne Otto gesehen, ein festes Paar, zu dem nun noch Olaf gestoßen ist. Nun sieht man sie nur noch zu dritt. Zu dritt tollen sie durch den Golfstrom, so ungestüm und voller Lebenslust, daß manch Aal, selbst nicht älter als die drei, selbst noch ein Kind, fragt, ob diese denn nie erwachsen werden wollen.

Natürlich nicht! Hätte man die drei gefragt, und hätten sie geahnt, was Erwachsen zu werden bedeutet, ihre Antwort wäre sehr schnell gekommen. Natürlich wollten sie weiter spielen und tanzen, die ruhig dahinziehenden Aale ärgern, und manchmal mit ihrem Essen spielen.

Aale auf dem langen Weg von der Sargasso-See nach Europa, bis in die kleinsten Flüsse Finnlands, schwimmen ruhig nebeneinander und hintereinander, das Maul nahe am Schwanz des Vorderen, als wüßte der den Weg besser. Aber es gibt noch einen anderen, wichtigeren Grund, so nah beieinander zu schwimmen. Die Aale sind inzwischen gewachsen, und deswegen im Wasser besser zu erkennen. Sie sind immer noch durchsichtig, etwa wie eine schlecht geputzte Fensterscheibe, aber spätestens wenn sie etwas gegessen haben, sieht man ihren vollen Bauch. Hungrige Räuber, die auf die Aale treffen, sehen sie nicht erst, wenn sie an ihnen vorbeigeschwommen sind, sie können sie jetzt jagen. Und darum schwimmen die Aale so in einer Reihe. Ein Räuber kann sich kaum merken, welchen Aal er sich ausgesucht hat, er schwimmt einfach auf den Schwarm zu und hofft, schon einen zu fangen. Erst im letzten Moment, kurz bevor der Räuber zuschnappen will, spritzen die Aale auseinander und lassen ihn mit offenem, leerem Maul zurück. Weil alle Aale gleich aussehen, weiß der Angreifer nicht, welchen verfolgen soll, immer wieder spritzen andere Aale auseinander, die darum auch nicht müde werden. Der eine, der Räuber wird müde, und so sind alle Aale gerettet. Nur wenn ein Aal anders aussieht, das gibt es praktisch nicht, oder wenn er nicht in der Reihe schwimmt, und das kommt häufiger vor, als man es glauben will, dann kann ihn ein Fisch aussuchen, ihn verfolgen, fangen und essen.

Olaf, Otto und Monika leben also gefährlich, ohne das zu wissen. Schon von weitem kann man die drei unterscheiden, an den Purzelbäumen, die sie schlagen, manchmal kann man sogar ihr Lachen hören, hell und leise, wie das Lachen von großen Schmetterlingen. Und da es viele Fische im Meer gibt, von denen viele wahnsinnig gerne kleine Aale fressen, mußte es eines Tages so weit kommen: Ein kleiner Rotbarsch, ein hungriger schneller Räuber, kaum so lang wie ein Schullineal, beschließt, zuerst Otto zu fressen. Otto bemerkt ihn nicht. Vergnügt schlägt er einen Purzelbaum, als er Unruhe unter den Aalen spürt. Und plötzlich sind alle weg, auch Olaf und Monika, die den hungrigen Barsch gesehen haben. Erst jetzt sieht auch Otto das hungrige, riesige, weit offene Maul direkt vor seiner Nase.

Wenn Otto nicht getanzt hätte, wenn er ruhig in der Reihe mitgeschwommen wäre, dann hätte er den Rotbarsch früher gesehen, dann hätte er mit den anderen fliehen können und jetzt aus sicherer Entfernung das Geschehen betrachten.

Und wenn er nicht getanzt hätte, und niemals Purzelbäume geschlagen, wenn er die anderen nicht ständig geärgert hätte und niemals Kriegen gespielt, dann würde der Rotbarsch nur noch sein Maul schließen müssen und Otto steckte mittendrin. Aber das Tanzen und Spielen hat ihn so stark gemacht, daß er mit einem einzigen Schlag seines Schwanzes dem drohenden Maul entfliehen kann. Der Rotbarsch, der diesen Leckerhappen schon zwischen seinen Zähnen glaubte, reißt verdutzt die Augen auf, so ist ihm noch niemand entkommen. Er sieht den kleinen zitternden Aal, der immer noch allein ist und sich verzweifelt bemüht, zu seinen Artgenossen zu gelangen.

Diese anderen, die von Otto verächtlich Erwachsene genannten, weichen ihm fast schadenfroh aus. Sie dulden ihn nicht in ihrer Nähe, der den Rotbarsch anzieht, wie Erdbeeren mit Schlagsahne den Sommer. Wenn ein Rotbarsch unbedingt einen Aal fressen will, dann soll er doch diesen nehmen, diesen Otto, der sich doch nie einordnen wollte und nur Spott übrig hatte für ihre Art, die jetzt lebensrettend ist. Soll er zusehen, wie er zurechtkommt mit seinen Purzelbäumen und nichtsnutzigen Attacken. Soll er den Rotbarsch doch einfach ärgern, wie sonst seine Verwandten, vielleicht hilft ihm das ja zu entkommen.

Der Rotbarsch wendet, bevor Otto auch nur Luft holen kann, und schwimmt wieder auf diesen zu. Auch wenn der Rotbarsch nur ein sehr kleiner ist, er kann viel schneller schwimmen als Otto, und mehr Ausdauer hat er auch. Zweimal hilft Otto seine Kraft, dann wird er müde. Er müßte sich zwischen den anderen verstecken können, so daß der Rotbarsch nicht mehr weiß, wen er da verfolgt hat, und in der Verwirrung gar keinen Aal fängt. Aber die anderen halten sich fern, Unglück steckt an, und sein Lebenswandel hat ihn nicht beliebt gemacht.

Zwei Aale lieben ihn so sehr, daß sie ihm auch gegen

einen Rotbarsch helfen wollen, der für Aale ja so gefährlich ist, wie ein hungriger Fuchs für eine Gans. Und von diesen beiden weiß Olaf zuerst, was zu tun ist: Mit einem lauten Schrei, der Monika mitreißen soll, stürzt er sich vor den Rotbarsch, und lenkt diesen so von Otto ab. Auch Monika faßt ihren ganzen Mut, schreit mindestens genauso laut, lenkt den Barsch von Olaf ab, und als der Schwarm Aale sieht, wie erfolgreich die beiden sind, machen sie mit. Sie wirbeln den Rotbarsch durcheinander, bis der nicht mehr weiß, ob er nicht lieber eine Qualle fangen sollte. Mit verwirrten Augen wendet er sich von dem Schwarm ab, der sich wieder formiert und ruhig nach Europa schwimmt.

Unsere drei kleinen Aale reihen sich in die lange Schlange ein, bis sie sich von der Aufregung und der Anstrengung erholt haben. Dann aber lachen und tanzen sie wie zuvor, sogar noch lauter und wilder, weil sie jetzt Freunde für das ganze Leben geworden sind.

Wo ist der Golfstrom

Auf ihrer langen Reise schlafen die Aale eigentlich kaum. Oft dösen sie vor sich hin, schlängeln sich im Takt aller, als hätten sie nur vergessen, damit aufzuhören, schließen dabei die Augen und träumen von ihrem Schlaraffenland. Sie tun das tags und nachts, ob die Sonne gerade scheint oder der Mond sich hinter Wolken versteckt. In die Tiefe, in der sie schwimmen, dringt kaum ein Lichtstrahl, ihr Leben verläuft immer gleich. So tief schwimmen sie, daß sie die großen Stürme nicht hören, die Wellen, die auch die größten Schiffe gefährden, nicht spüren, ihr Leben wird durch keine Regelmäßigkeit eingeteilt. Wenn es aber gewittert, wenn Blitze von den Wolken bis ins Meer reichen, wenn der Donner Fische von der Wasseroberfläche in die tiefen Regionen treibt, dann werden auch die Aale nervös. Als würden sie mitten im Gewitter schwimmen und nicht 200 Meter tiefer, wuseln sie aufgeregt durcheinander, überholen sich und stoßen sogar zusammen; mit jedem Blitz werden sie schneller. Nach einem Gewitter dösen sie immer lange, weil sie so erschöpft und ausgetobt sind.

In einem besonderen Gewitter hätten sich Monika, Otto und Olaf fast verloren, schlimmer noch, sie hätten beinahe den Golfstrom verlassen. Zuerst ist alles wie immer: Die drei tanzen und lachen, sie ärgern ihre Nachbarn, und ohne es zu bemerken, schwimmen sie an den Rand des Golfstroms. Natürlich haben Aale keine Karte, im Meer gibt es auch keine Wegweiser, dennoch finden alle den richtigen Weg, kaum einer verirrt sich aus dem Golfstrom, zum Glück, denn wer den Golfstrom verliert, findet ihn nur sehr selten wieder. Der muß dann im Meer bleiben und wird wahrscheinlich bald gefressen.

Als dieses besondere Gewitter sich nähert, werden alle Aale verrückt. Ohne Ausnahme tanzen und toben sie, wie sonst nur Otto, Olaf und Monika, und diese drei treiben es noch schlimmer. Keiner von ihnen weiß, warum sie so schnell schwimmen, warum sie bei ihren so gut trainierten Purzelbäumen plötzlich mit anderen Aalen zusammenstoßen, sie wissen nur, daß sie nicht anders können. Immer schwieriger wird es für sie, ihre Freunde nicht aus den Augen zu verlieren, und wie sollten sie sich wiederfinden unter den Millionen von Aalen, die alle gleich aussehen, ohne einen Treffpunkt wie etwa den großen Baum oder die Bushaltestelle. Olaf und Monika passen sehr auf, während Otto in jedem Blitz zuckt wie ein Hampelmann kurz bevor die Schnur reißt. Er bemerkt auch gar nicht, daß das Wasser plötzlich kälter wird. Aale frieren ja nicht, da kann es schon passieren, daß sie kälteres Wasser nicht bemerken, vor allem in einem starken Gewitter.

Monika bemerkt es, aber zuerst reagiert sie nicht beunruhigt, kaltes Wasser ist für Aale nicht bedrohlich. Alle drei wissen, daß sie in kaltem Wasser etwas langsamer schwimmen, weniger essen, eben kein Grund zur Besorgnis. Gefährlich ist aber, daß sie den Golfstrom verlassen haben. Sie sind raus aus der großen Strömung, die sie nach Europa, in ihr neues Zuhause bringen soll, raus aus der Strömung, in die sie kein Wegweiser zurückbringt, und niemand ist da, den sie nach dem Weg fragen können.

Nicht einer dieser ganzen Aale weiß, wohin die Reise geht, so wie wir wissen, wohin wir gehen, wenn wir einkaufen gehen oder zur Schule, aber alle spüren es, wenn sie vom Weg abkommen, sie spüren, daß etwas falsch ist. Die Wärme des Golfstroms ist richtig, die Kälte falsch. Der Schwarm Aale ist richtig, die Einsamkeit, die sie plötzlich umgibt, ist falsch. Otto zuckt weiter in den Blitzen, tanzt und lacht, elektrisiert im Gewitter, das sich ganz langsam entfernt. Olaf und Monika haben die Gefahr erkannt. Sie haben bemerkt, daß sie den Golfstrom verlassen haben, daß sie plötzlich ganz alleine sind. Gemeinsam fassen sie einen Plan. Olaf wird nichts anderes tun, als auf die Richtung zu achten, aus der sie kommen, während Monika Otto nicht aus den Augen lassen wird.

Menschen könnten sich bei den Händen fassen und sich so niemals verlieren, Aale haben keine Hände. Vorsichtig beißt Olaf Monika in den Schwanz, schwimmt gar nicht, er achtet nur auf die Richtung. Und Monika verfolgt Otto, der auf ihr Rufen nicht reagiert. Selten, zwischen zwei Blitzen hört er doch etwas, aber bevor er sich umsehen kann, blitzt es schon wieder und er schlägt einen neuen Purzelbaum. Der Golfstrom ist schon weit entfernt, als das Gewitter Otto endlich freigibt. Da sind sie wieder zu dritt, mitten im Ozean und ohne Wegweiser für die richtige Richtung. Olaf weiß wenigstens ungefähr wohin, was besser ist als nichts, und sie wissen, daß sie unbedingt zurück müssen, ihr Leben hängt davon ab. Der Weg ist weit, das Wasser so kalt, daß sie nur sehr langsam schwimmen können, und Monika wird müde. Sie wird sehr müde. So lange hat sie Otto verfolgen müssen, dabei hing Olaf die ganze Zeit an ihrem Schwanz. Sie will dösen, ausruhen, langsam sein und von warmem Wasser träumen. Immer wieder redet Olaf ihr gut zu, er feuert sie an, hilft ihr, so wie er kann, aber er kann sie ja nicht tragen. Kleinlaut schwimmt Otto hinter ihnen. Er schämt sich für seine Unachtsamkeit und hat eine Riesenangst, daß er alles zerstört haben könnte.

Genau dieses kleinlaute Hinterherschwimmen rettet sie. Da sie niemals mit den anderen in einer Reihe geschwommen sind, da sie immer aus der Reihe tanzen wollten, haben sie auch niemals bemerkt, wieviel leichter es ist, hintereinander zu schwimmen.

Es ist nicht, als würde man gezogen, eher, als würde man ständig leicht bergab fahren. Otto probiert einige Male aus, hinter Olaf, hinter Monika und allein zu schwimmen. Als er dann sicher ist, um wieviel leichter das Schlangeschwimmen ist, berichtet er das seinen Freunden. Aufgeregt, jetzt kann er wiedergutmachen, was er angerichtet hat, jetzt kann er Monika helfen, die seinetwegen in Not geraten ist, zeigt er den beiden, wie sie hinter ihm schwimmen sollen. Er läßt sich die Richtung von Olaf sagen und schwimmt dann mit kräftigen Schwanzschlägen voran.

Otto schwimmt, bis er keinen Muskel mehr bewegen kann, er schwimmt, bis er kaum noch atmen kann und dann noch ein Stückchen weiter. Endlich wird das Wasser wärmer, endlich sehen sie den ersten Aal, endlich können sie sich in die endlose Karawane einreihen, die sie nun nicht mehr verlassen wollen, bis sie ihr Ziel erreicht haben.

Helgoland

Monika bemerkt es zuerst und hält es für einen Traum. Verwundert reibt sie sich mit der Schwanzspitze über die Augen und glaubt nicht daran. Aber auch nach einer langen Tagesruhe sieht sie es wieder, da muß sie es wohl glauben: Otto ist dünner geworden. Nicht einfach dünner, weil er weniger gegessen hat, das wäre zwar erstaunlich, aber nicht zum Augen reiben. Der Bauch ist sogar etwas dicker geworden, nach rechts und links, der Rücken ist flacher geworden und der Bauch auch. Als würde sie Otto durch eine gewölbte Scheibe ansehen, als würde er in einem krummen Aquarium schwimmen, er verliert seine Weidenblattform. Bald wird er aussehen wie ein Ast, rund in jede Richtung, aber lang. Olaf wird so und sie selbst, auch alle anderen Aale, was bei der Durchsichtigkeit nicht schnell auffällt. Hat man es aber erst einmal gesehen, kann man es nicht mehr übersehen. Die Aufregung unter den Aalen wird gewaltig. Sie wissen, daß sie bald das Ende ihrer langen Reise erreicht haben werden. Kleine durchsichtige Zahnstocher, man nennt sie jetzt Glasaale, ein munteres Gewimmel, aber immer noch in langen Reihen, schwimmen ihrer zukünftigen Heimat entgegen.

Olaf, Otto und Monika waren während der ganzen Reise die unruhigsten, erst seit sie den Golfstrom verloren haben, sind sie in einer Reihe mitgeschwommen. Jetzt, da die Reise ihrem Ende zugeht, was noch kein Aal weiß, was aber jeder Aal spürt, sind es wieder die drei, die sich nicht in der Ordnung halten können. Sie schwimmen nach rechts, schwimmen nach links und unten, als wüßten sie, daß da etwas anderes ist als das immer gleiche Wasser. Alle lassen sich anstecken, die Verlockung wird größer als der Drang nach einer Ordnung. Wandelte sich jeder Aal von einem Blatt in einen Ast, so wandelt sich umgekehrt der Strom der Aale von einem Stamm in viele Äste. Immer breiter fächert sich der Zug. Ohne eine Landkarte zu benutzen, trennen sich die Aale, die ins Mittelmeer schwimmen, dann die Iren und Engländer, die Belgier und die Deutschen, als letzte werden die Finnen ankommen, die noch durch die gesamte Ostsee ziehen müssen.

Otto, Olaf und Monika bleiben zusammen. Es ist

vielleicht nur ein Zufall, der sie in die Elbe bringt, andererseits sieht es an jeder möglichen Abzweigung so aus, als würden sie sich für eine Richtung entscheiden. Und immer für die, die sie schließlich in die Elbe bringen wird. Vor den Kanarischen Inseln biegen sie links ab, ohne einen Blick für die schönen Strände und ohne Sinn für das warme, frühlingshafte Wetter. Sie beachten weder Marokko, dessen Küsten nicht nur Menschen ins Wasser locken, sondern auch Nahrung für große und kleine Aale bieten, noch Spanien oder Portugal, die den unschätzbaren Vorteil bieten, daß Aale dort nicht gegessen werden. Frankreich und Belgien gefallen ihnen auch nicht, obwohl sie spüren, daß die Reise dort endlich zu Ende sein könnte. Wie einfach wäre es, sich an die Küste zu schlagen, eine schöne Höhle zu suchen, und dann nicht mehr zu schwimmen. Nicht mehr jeden Tag und jede Nacht zu schwimmen, ohne ein Ende auch nur ahnen zu können.

Keiner der Aale weiß, wo genau die Küste ist, sie ahnen nur, daß sie nicht mehr weit entfernt sein kann. Denn manchmal zieht ein Duft durchs Wasser, ein Duft nach Höhlen, nach kleinen Krebsen und Würmern, nach Schwärmen von Jungfischen und einem ganzen Berg Wasserflöhe, der die Aale betört und dazu bringt, die Richtung zu ändern. Aale riechen ja so gut, daß sie viele Kilometer vorher, Seeleute und Fische sagen Seemeilen, schon wissen, wo sie ankommen werden. Die Aale, die sich jetzt verlocken lassen, werden in die französischen Flüsse aufsteigen. Otto hat keinen Appetit auf französische Flußkrebse. In seine Nase, noch klein, aber schon so scharf, daß sie riechen könnte, ob ein Essen versalzen ist, in diese kleine, scharfe Nase strömt ein verheißungsvoller Duft. Es ist genau genommen viel weniger als ein Duft, nur die Ahnung von einem Duft, die Otto aber genügt. Diese Ahnung treibt sie durch die Meerenge zwischen Dover und Calais, die große Verlockungen für müde Aale bereithält: Links die schöne englische Küste mit den Felsen, die so viele Spalten und Höhlen bietet, ein herrlicher Spielplatz für kleine, und bequeme Wohnungen für große Aale. Rechts der französische Sandstrand, voll kleiner Krebse und Flöhe, voller französischer Wattwürmer, die einen leichten Geschmack nach Camembert haben, und hin und wieder einen großen Stein, der gute Versteckmöglichkeiten bietet. Unsere drei Aale schwimmen weiter, die Ahnung von einem Geruch in der Nase.

Vor Holland, vor den friesischen Inseln werden sie unruhig. Es kann nicht mehr weit sein. Schnell tauchen sie auf den Grund, wühlen probehalber im Schlamm, schmecken die Erde und essen jeder einen ganzen Sandfloh. Es ist noch nicht ganz richtig, aber schon fast. Der Geruch ihrer Träume wird stärker, lange werden sie nicht mehr schwimmen müssen. In Rekordzeit tauchen sie zurück an die Wasseroberfläche und versuchen, über das Wasser zu sehen. Dafür sind aber Glasaale viel zu klein. Delphine können aus dem Wasser springen, fliegende Fische sogar mehr als hundert Meter weit, Glasaale schaffen höchstens einen Zentimeter. Aus dieser Höhe überblicken sie nicht einmal die kleinste Nordseewelle, und von Holland in die Elbe ist es weit.

Wer einmal einen Ausflug nach Helgoland gemacht

hat weiß, daß diese kleine, felsige Insel mitten im Meer liegt. So allein und weit weg vom Festland, daß es reiner Zufall ist, auf sie zu treffen. Otto, Olaf und Monika schwimmen zielsicher darauf zu, als hätten sie eine Seekarte gelesen und einen Kompaß in der Tasche. Dabei haben sie nicht einmal eine Tasche. Trotzdem stoßen sie mit der Nase an den roten Felsen, und, das erste Mal nach drei langen Jahren auf den Geruch von Elbwasser. Ganz verdünnt nur, aber Otto riecht das so gut, wie er es riecht, wenn der Leuchtturmwärter auf der anderen Seite der Insel ins Meer pinkelt.

Monika ist müde und Olaf will einfach nicht weiter. Er will das Ufer erforschen, während Monika sich ausruht, nur Otto drängelt. Otto kann am besten riechen. Er kann schon die Elbmuscheln riechen, die besser schmecken werden als alles bisher dagewesene, er glaubt den weichen, warmen Elbschlick schon zu spüren, in dem er sich suhlen möchte und fette Würmer darin suchen. Aber so sehr er auch drängelt, mit den Augen rollt und seinen Magen knurren läßt, die anderen bleiben hart. Nach drei Jahren schwimmen, Kilometer um Kilometer, ohne auch nur eine Pause machen zu können, niemals in einer Höhle auszuruhen, niemals im Schlamm zu wühlen, ist es genug. Monika hat schon eine Felsspalte gefunden, groß genug für alle drei und schummrig dunkel, sie will bleiben. Olaf ist froh, daß sie einen gemeinsamen Treffpunkt haben und schießt sofort los, die ganze Umgebung zu erkunden. Endlich kann sich sein Forschergeist austoben, endlich sieht er mehr als immer nur Wasser, seinetwegen können sie lange bleiben. Und Otto, als er einsieht, daß er bleiben und warten muß, schwimmt in die dunkle Höhle, kuschelt sich an Monika und schläft so tief, wie Aale schlafen können.

Drei Wochen bleiben sie, drei lange Wochen, in denen sie ein herrliches Leben führen. Olaf tobt in den Felsen und jagt kleine Fische, aus reinem Übermut, denn noch ist er selbst viel zu klein, um ganze Fische essen zu können. Er kriecht unter jeden Stein, betastet jede Pflanze, beißt manchmal ein Stückchen ab, dabei essen Aale gar kein Grünzeug, und steckt einmal sogar seine Nase aus dem Wasser. Monika schläft viel in dieser Zeit. Es gibt so viele Würmer und Schnecken, daß sie kaum einmal lange suchen muß, um satt zu werden, so bleibt ihr viel Zeit zu schlafen und sich von der langen Reise zu erholen. Und Otto? Ihm ist es zu ruhig bei Monika. Nach der Reise will er sich nicht ausruhen, er vermißt eher den täglichen Trubel. Olaf ist ihm allerdings zu hektisch, zu schnell. Er will mit mehr Ruhe ansehen, wo sie gelandet sind, sich ein vollständiges Bild von der Gegend machen, bevor sie weiter in die Elbe reisen.

Die Sardelle Theo

Otto versichert sich, daß die beiden auf ihn warten werden, prägt sich noch sehr genau den Geruch der Höhle ein, und beginnt dann die Erkundung der Insel. Nach seinem Abschied wendet er sich in Richtung Westen, er folgt dem Lauf des Monds. Schon bald trifft er auf eine Krabbe, die es sich auf einem Sandhaufen gemütlich gemacht hat. Da die Krabbe ihm nicht gefährlich erscheint, schwimmt Otto auf sie zu und sagt ihr höflich guten Tag. Die Krabbe ist natürlich verwundert, denn noch nie ist sie von einem Glasaal begrüßt worden. Immerhin erwidert sie den Gruß, bevor sie sich in den Sand eingräbt, bis nichts mehr von ihr zu sehen ist. Als Otto ein bißchen höher schwimmt, um sich den Sandhaufen von oben zu besehen, entdeckt er, was ihm beinahe zum Verhängnis geworden wäre: Eine große platte Flunder hat sich in den Sand gewühlt, so daß nur die Augen noch sichtbar sind. Vollkommen unbewegt liegt sie da und lauert auf Nahrung. Die Krabbe hätte sie sicher gerne gegessen und auch einen Glasaal nicht verschmäht. In sicherer Entfernung kreist Otto über ihr und ist höflich genug, auch sie zu begrüßen.

„Guten Tag kleiner Aal. Komm doch etwas näher, damit ich dich auch gut sehen kann, meine Augen sind nicht mehr so gut und du bist so durchsichtig."

Otto weiß noch nicht, was ein Trick ist. Er kennt keine Lügen und nur ein ungutes Gefühl hält ihn davon ab, sich der Flunder zu nähern. Aber noch eine kleine Schmeichelei von der mit allen Wassern gewaschenen Flunder, und Otto taucht ihr entgegen.

„Halt! Halt! Nicht weiter, wenn dir dein Leben lieb ist! Halt, warte auf mich!" Von der Seite schreit eine Sardelle. Sie schwimmt so schnell auf Otto zu, daß ihre Rückenflosse zittert. „Das ist der alte Karl," die Sardelle wedelt sich eine Extraportion Wasser durch die Kiemen, weil sie so schnell geschwommen ist, „Karl ist zwar alt geworden und langsam, aber dafür verschlagen. Junge dumme Fische sind jetzt seine Lieblinge, die lassen sich nämlich noch locken. Gut, daß du weit weg geblieben bist. Warte einen Moment, ich zeig es dir."

In einem großen Bogen schwimmt die Sardelle von

hinten auf Karl zu, wobei sie nur ihrer großen Erfahrung wegen weiß, wo bei den beiden Augen hinten ist. Elegant bremst sie mit ihren Brustflossen bevor Karl sie sehen kann und versichert sich, daß Otto aufmerksam ist. Dann geht alles ganz schnell. Mit ihren Bauchflossen streicht sie über Karls Augen und im selben Moment beschleunigt sie durch kräftige Schwanzschläge, um aus der Reichweite der Flunder zu gelangen. Otto will nicht glauben, was hinter der Sardelle aus dem Sand fährt. Der Boden scheint zu beben, Sand wirbelt von rechts nach links, von oben nach unten, daß kaum noch etwas zu sehen ist, nur ein riesiger dunkler Schatten an dessen Ende ein genau so großes Maul klafft. Einen Augenblick sieht es so aus, als würde die Sardelle im Maul enden. Otto hält schon den Atem an, da entwischt sie doch, das Maul fängt nur eine große Portion Wasser.

„Wenn man Karl nicht kennt, ist er gefährlich. Achte auf die Augen im Sand, dann kann dir nichts passieren. Ich bin Theo, komm, ich zeig dir unsere Insel."

So schnell hat Otto einen Freund gefunden, der ihm alles zeigen kann, was einem Glasaal gefährlich wird. Gemeinsam schwimmen sie um die Felsen, und Otto lernt begierig. Er sieht Muscheln, ungefährlich für Aale, und rote Knurrhähne, sehr gefährlich, er spricht mit Seesternen und Krabben, die auch völlig ungefährlich sind. In der Ferne sehen sie einen Katzenhai, der Theo nervös macht, weil der nicht nur für Glasaale, sondern besonders für Sardellen gefährlich ist. Otto lernt auch einiges über Pflanzen, über Seegras, in dem es sich gut verstecken läßt, und über Seeanemonen. Die leuchten in schönen Farben, strecken sanft schwingende Tentakeln in alle Richtungen, die zum Schnuppern verleiten, aber giftig und sehr gefährlich sind. Dann endlich fragt ihn Theo: „Otto, wo ist dein Zuhause?"

Alle Lebewesen, ob Mensch oder Tier, ob Vogel, Schlange oder Fisch, alle wollen ein Zuhause haben, und meistens ist das da, wo sie herkommen. Otto hat nicht mehr als einen Geruch in der Nase, eine Ahnung davon, daß dort, wo der Geruch herkommt sein Zuhause sein könnte. Er weiß nicht, wo er herkommt. Ein bißchen traurig erzählt er Theo von seiner langen Reise, und daß er nicht weiß, wo sie begonnen hat. Er weiß ja auch nicht, wo sie enden wird. Verwundert sieht er Theo leise lächeln. Kann das ein Freund sein, der über sein Unglück lächelt?

„Wir alle wissen nicht, wo wir herkommen." Fischaugen können nicht funkeln, sie starren ausdruckslos wie die zerkratzten Augen eines alten Teddybären, aber Otto kann in Theos Augen lesen. Unser Zuhause ist anders, das steht darin, und wir sind nicht weniger glücklich darum. „Solange wir denken können schwimmen wir im Meer, immer woanders, immer da, wo es genug zu fressen gibt." Ein hungriger Seitenblick unterstreicht seine Worte. „Den anderen genügt das auch, aber ich will nicht nur schwimmen, bis ich gefressen werde, ich will etwas sehen von der Welt. Darum bin ich hier."

Wie wohl tun Otto diese Worte. Während der langen Reise, als er sich mit seinen Freunden immer wieder von den anderen Aalen entfernt hat, besonders, als sie beinahe daran gestorben wären, hat er sich oft gefragt, warum sie so anders sind. Er hat sich gefragt, ob sie vielleicht keine richtigen Aale sind, oder vielleicht krank. Jetzt hat er einen Freund gefunden, der genau so denkt.

Dies könnte der Beginn einer wunderbaren Freundschaft sein, einer Freundschaft zwischen Aal und Sardelle, wie die Welt sie noch nicht gesehen hat. Aber noch einmal sieht Otto einen hungrigen Seitenblick von Theo und beschließt, auf der Hut zu bleiben.

Auf ihrem Weg um die Insel kommen die beiden an einem löchrigen Felsen vorbei, der genau so aussieht, wie Monikas Schlupfloch. Otto riecht zwar ganz genau, daß dieses ein anderer Felsen ist, aber er will es kaum glauben. Von Heimweh gepackt stürzt er zu der Höhle, in der Monika sein könnte. In letzter Sekunde fängt Theo ihn ab.

„Der Felsen ist sehr schön, vor allem für einen Fisch wie dich, aber er ist so gefährlich wie Karl. Halte dich fern von solchen Felsen, wenn du nicht genau weißt, daß niemand darin auf dich lauert."

Theo zeigt ihm die Höhlungen direkt am Meeresboden und beschreibt ihm ihre Bewohner, hungrige Hummer mit großen Scherenhänden. Und passenderweise schieben sich zwei lange Fühler ins Wasser, denen Scheren folgen, die alles fangen und zerquetschen können, das kleiner als ein Tennisball ist. Otto ist noch viel kleiner.

„Hummer leben auf dem Meeresgrund, sie können nicht schwimmen. Wenn du ihnen nicht zu nahe kommst, sind sie ungefährlich. Aber wehe, einer hat dich erwischt, der läßt dich nie wieder los. Und weiter oben in den Höhlen wohnen alle möglichen Arten gemeiner, zahnübersäter, gefräßiger, sardellenhassender Raubfische, die als Vorspeise gerne einen Glasaal nehmen. Die bleiben in ihrer Höhle, bis sich ein unerfahrener Fisch nähert, dann reißen sie ihr Maul auf, zeigen ihre Zähne, ungefähr so," Theo reißt sein Maul auf so weit er kann und zeigt kleine aber scharfe Zähne, „und dann schießen sie auf dich zu, um dich zu fressen."

Otto hat den neuen Klang in Theos Stimme gehört und macht jetzt den größten Satz seines kleinen Lebens. Theo schießt auf ihn zu, so wie er es eben noch beschrieben hat. Otto will gar nicht wissen, ob Theo einen Scherz macht. Blitzschnell und in Todesverachtung schwimmt er auf die Höhlen zu. Zweimal muß er Theo ausweichen, bis er sich in einen winzigen Spalt retten kann, groß genug für ihn, zu klein für Theo. Kein Bitten und Scherzen von Theo bringt ihn da raus, er weiß, daß Theo nicht gescherzt hat. Und so wartet der Jäger vor der Spalte, Otto darin.

Aale sind gut im Warten. Stundenlang, sogar tagelang können sie an einer Stelle bleiben, ohne eine einzige Bewegung, daß man glauben muß, sie seien gestorben. Sind sie aber nicht. Otto lebt und wartet, bis Theo aufgibt. Er wartet noch ein bißchen länger, bis Theo wirklich weg ist. In dieser Wartezeit sieht er einen dieser Raubfische, der einen kleinen Glasaal fängt, schneller als Otto zusehen kann. Das treibt ihn endgültig aus der Spalte. Was, wenn Olaf einem solchen Fisch begegnet, was, wenn Monika einem Hummer vor die Scheren schwimmt. Zitternd vor Angst rast Otto zurück.

Keiner kann diesen Glasaal sehen, der um das Leben seiner Freunde schwimmt. Theo, die immer noch hungrige Sardelle, meint einen Schatten zu sehen, dabei ist es Otto, der sich eng an die Felsen drückt, um ihm zu entkommen. Der Raubfisch, der zurück in seiner Höhle auf neue Beute lauert, ist so überrascht von Ottos Geschwindigkeit, daß seine Zähne erst aufeinanderknallen, als Otto längst weiter ist. Schneller als die Sonnenstrahlen zwischen den Wellen funkeln können saust Otto den Weg zurück, den er gekommen ist. Er hat keine Augen für den riesigen Heringsschwarm, keine Augen für die blauschwarz blitzenden Makrelen die darin jagen. Er sieht die beiden Hummer nicht, die mit hochaufgerichteten Scheren um ein Gebiet kämpfen, noch viel weniger die langsamen Schnecken und nicht die rot lockenden Seeanemonen. Aber er riecht genau. Und je stärker der Geruch ihres Felsens wird, desto schneller schwimmt er.

Natürlich sind Olaf und Monika völlig ahnungslos. Monika ist inzwischen ausgeruht, sie hat sich schon mehr bewegt als unbedingt notwendig, sogar einen Ausflug mit Olaf hat sie hinter sich. Und Olaf ist immer noch schwer beschäftigt, bisher hat er höchstens die Hälfte der Höhlen in ihrem turmhohen Felsen untersucht. Otto hat also Glück, daß er die beiden in ihrer Höhle trifft. Beide liegen da und verdauen die Extraportion Wasserflöhe, die sie sich zum heutigen Nachtessen gegönnt haben. Völlig erschöpft und zitternd vor Anstrengung drängt sich Otto zwischen die beiden und schweigt.

Aale können sich nicht gegenseitig wärmen, Otto friert auch nicht. Aber Aale können sich gegenseitig trösten und beruhigen, wenn sie sich ganz nah aneinanderkuscheln. Zwischen Olaf und Monika geht es Otto bald besser. Er hört auf zu zittern, er atmet nicht mehr so schnell und schließlich kann er anfangen zu erzählen.

Starr vor Staunen hört Monika von Hummern und Flundern, die genau da leben, wo sie ihre Krebse und Würmer sucht. Und mit offenem Mund hört Olaf von den Raubfischen in den Höhlen, mit einem Maul, so groß, daß er darin Purzelbäume schlagen könnte. Alle drei zusammen wären für so einen Fisch weniger als eine Vorspeise.

Ganz vorsichtig, als lauerten alle Feinde versammelt vor ihrer Höhle, strecken die drei ihre Köpfe nach draußen, Otto zuerst, dann Monika und zuletzt Olaf. Wenn sie sich selbst sehen könnten, müßten sie lachen bis zum Bauchweh, so komisch sehen die sechs schwarzen Knopfaugen aus, die da langsam über eine Felskante kriechen. Wenn es gefährlich wird, können Aale blitzschnell rückwärts schwimmen, so schnell wie vorwärts. Deswegen fühlen die drei sich auch sicher, den Körper in der Höhle, den Kopf draußen, in einem Wimpernschlag wären sie in ihrem Versteck.

Wie bestellt, als hätten sie Eintritt bezahlt und es sich gerade auf ihren Plätzen gemütlich gemacht, beginnt eine Vorführung, die sie in ihrem Leben nicht vergessen werden. Immer wieder zuckt einer zusammen und flitzt zurück in die Höhle, als wäre er nicht Zuschauer aus Entfernung, sondern mitten im Geschehen. Sie sehen einen Hummer, der mit seinen Scheren eine dicke Muschel knackt, als wäre ihre Schale eine bessere Plastiktüte. Und einen roten Knurrhahn, ein schöner Fisch, der wirklich knurren kann, der Jagd auf einen Leierfisch macht, der auch sehr schön ist, und trotzdem gefressen wird. Aus einer Höhle ganz in ihrer Nähe blitzen scharfe Zähne, die sehnlich darauf warten, sich in zartes Glasaalfleisch schlagen zu können.

Alle drei bleiben starr vor Schreck, als sich ein kleiner Glasaal aus dem Meer nähert. Genauso sind sie selbst vor kurzer Zeit angekommen, froh, endlich Land gefunden zu haben, froh über die löchrige Felswand mit viel Sand an ihrem Fuß. Probeweise wühlt der Kleine im Sand, gräbt sich ein, bis er nicht mehr zu sehen ist. Fröhlich taucht zuerst der Kopf wieder auf, dann schlängelt sich der ganze Körper über den Sand. Otto beginnt zu zittern, als er die beiden Augen im Sand entdeckt. Er schreit laut, so laut wie er nur kann. Monika und Olaf schreien mit, als er ihnen die Augen zeigt, aber sie sind viel zu weit weg, der kleine Glasaal hört sie nicht. Statt dessen schwimmt er zwischen den beiden Höckern durch, die er nicht als Augen erkennt. Es riecht merkwürdig für ihn, aber er weiß nichts von Flundern. Er weiß nicht, wie sie riechen, und er weiß nicht, wie gefährlich sie für ihn sind. Ein bißchen unheimlich ist es ihm, deswegen beeilt er sich.

Die drei in ihrer Höhle haben aufgehört zu schreien. Otto weiß, was geschehen wird, die anderen ahnen es nur; und wer weiß, was davon schrecklicher ist. Stumm also sehen sie den Glasaal über der Flunder, den Schwanz noch zwischen ihren Augen. Monika hofft schon, die Flunder würde den durchsichtigen Aal übersehen, da steigt eine Sandfontäne auf. Als der Sand sich wieder legt, sehen sie nur noch die riesige Flunder, die sich zufrieden in den Sand eingräbt, bis nur noch die Augen zu sehen sind.

Otto muß seine Freunde nicht überreden weiterzuziehen, sie wollen nur noch auf die Mitte der

Nacht warten.

Schwarze Flecken auf der Haut

Ein großes Schiff schafft die Strecke von Helgoland bis in die Elbmündung in weniger als vier Stunden, ein Flugzeug in weniger als zehn Minuten. Unsere Aale sind viel länger unterwegs. Nachts schwimmen sie los, niemand kann die durchsichtigen Kleinen sehen, die sich vorsichtig, einer nach dem anderen aus ihre Höhle wagen. Wieder schwimmen sie lange, mit nichts als dem Geruch der Elbe in der Nase. Otto schwimmt vorneweg, die anderen folgen ihm. Tagsüber lassen sie sich zu Boden sinken und wühlen sich in den Sand, nachts schwimmen sie weiter. Dann irgendwann spüren sie, wie sich Süßwasser ins Meer mischt. Das heißt, eigentlich spüren sie nur eine Veränderung. Da sie ihr ganzes Leben im Meer verbracht haben, wissen sie noch nichts von Süßwasser. Es ist aber nicht mehr wie vorher, und der Geruch, dem Otto so lange gefolgt ist, kommt jetzt aus allen Richtungen, sie sind angekommen.

Wer sich an seinen ersten Schnee erinnern kann, an das ungläubige Staunen, die vorsichtigen ersten Schritte, den ersten Schneemann, der hat eine Ahnung, wie es den drei Aalen jetzt geht. Vorsichtig nähern sie sich dem Grund, der so interessant, aber auch so unheimlich ist. Seine Schwärze könnte sie vor jedem Feind verbergen, oder sie in unbekannte Tiefen verschlucken. Langsam nähern sie ihre Nasen, und natürlich ist Olaf der erste, der sogar mit seinem Bauch auf dem Schlamm rutscht. Dann erschrickt sich Monika, und mit einem Schwanzschlag wirbelt sie soviel Schlamm auf, daß keiner der drei noch etwas sieht. Als sich die Schlammwolken langsam wieder legen, beginnt das große Toben. Stundenlang bewerfen sie sich mit Schlamm, spielen Verstecken in selbstgemachten Schlammwolken, tauchen auf und wieder ein in den Schlamm und teilen sich ihren ersten Elbwurm. Bis sie sich, müde und glücklich, mit der Schwanzspitze zuerst in den Schlamm wühlen, um den Tag dort zu verbringen. Als sie dabei noch bemerken, wie schön sie sich eingraben können, wie sie sich versunken an die Sargossa-See erinnern können, fühlen alle Glück. Hier wollen sie bleiben.

Wieder ist es Monika, der die Veränderung zuerst auffällt. Alle drei haben sich an den Schlick gewöhnt, an die schwarzen Wolken, und natürlich daran, immer mit Schlammspritzern übersät zu sein. Irgendwo hat jeder einen Fleck, der sich schnell abwäscht und genausoschnell erneuert ist. Sie achten schon nicht mehr darauf. Eines Abends aber, alle rekeln sich noch wohlig im Schlamm, bevor sie ihren ersten Wurm jagen gehen, entdeckt Monika einen Fleck auf Olafs Rücken, den er am Vortag schon hatte. Er spült sich auch nicht ab, als Olaf ins klare Wasser schwimmt. Verwirrt fährt sie mit ihrem Kopf durch den Schlamm, schüttelt ihn durchs Wasser und reibt sich vorsichtshalber mit der Schwanzspitze über die Augen. Der Fleck auf Olafs Rücken bleibt. Sie hört auf, sich die Augen zu reiben, da kann der Fleck auch kaum sein, sie schwimmt zu Olaf und reibt auf seinem Rücken. Otto, den sie in ihrem Schrecken gerufen hat, knabbert sogar daran. Schließlich knabbern alle drei daran, bis es Olaf zuviel wird. Der Fleck bleibt, jetzt wird er nur noch zusätzlich blutig.

Zur Beruhigung zieht Olaf sich in den Schlamm zurück.

In ihrer Aufregung wissen Otto und Monika nicht mehr weiter. Hat Olaf eine ansteckende Krankheit, vielleicht eine Aalkinderkrankheit, was nicht so schlimm wäre? Färbt der Schlamm ab, so dauerhaft, daß sie alle schwarz werden, von Kopf bis Schwanz? Sie fangen Olaf einen Wurm um ihn zu trösten, dann beratschlagen sie gemeinsam, was zu tun ist. Vielleicht ist es wirklich nur der Schlamm, so hoffen sie, und beschließen, ein bißchen weiter zu ziehen. Zwischen die Steine, da ist es nicht so wohlig, aber es gibt viele gute Verstecke für so kleine Aale und nur wenig Schlamm.

Jeden Abend starren sie neugierig auf Olafs Rücken und hoffen, daß der Fleck verschwunden ist. Unsicher und ungläubig verfolgen sie, daß der Fleck nicht nur bleibt, sondern auch noch größer wird. Und beinahe entsetzt bemerken sie, daß auch sie selbst solche Flecken bekommen. Es geht ihnen zwar gut, sie fühlen sich gesund, aber die Flecken machen ihnen doch große Sorgen.

Ein älterer Aal, nicht viel länger als sie selbst, knapp halb so lang wie die Hand eines erwachsenen Menschen, und schwarz wie einer der übelriechenden Teerklumpen, beruhigt sie schließlich. Herablassend und mit hochmütiger Miene, dabei ist er nur wenige Wochen älter, erklärt er, daß alle Aale in ihrem Alter dunkel würden. Das sei keine Krankheit, sondern die natürliche Farbe eines erwachsenen Aals, er selbst sei das beste Beispiel. Eitel dreht er sich und präsentiert seine dunkle Haut, wie ein Junge seine ersten Barthaare, und beleidigt wie nur ein solcher Junge sein kann, schwimmt er davon, als er das Gelächter der drei hören muß.

Otto, Olaf und Monika halten sich den Bauch vor Lachen. Sie kringeln sich um einen Stein herum und beißen sich selbst und die anderen in den Schwanz, nicht weil der hochnäsige Aal besonders lächerlich gewesen wäre, das war er wohl, sondern weil alle ihre Sorgen mit einem Schlag verschwunden sind. Sie sind nicht krank, sie werden älter, und das tut nicht weh, und ist auch nicht gefährlich.

Die dunkle Farbe wird jetzt Grund anzugeben, ein bißchen eitel sind die drei nämlich auch. Es geht kein Schrecken mehr von ihr aus, im Gegenteil ist immer derjenige betrübt, der den kleinsten Fleck hat. Oder dessen Färbung am hellsten ist, denn das sieht am wenigsten erwachsen aus. Eine Zeitlang versucht Olaf sogar auf dem Rücken zu schwimmen, damit man nicht sehen kann, daß sein Fleck einfach nicht wachsen will. Er hat ihn zuerst bekommen, er hat mit allem angefangen, und nun sieht er aus wie ein kleines Kind, während Otto und Monika schon fast vollständig gefärbt sind. Und da der Bauch von Aalen immer hell bleibt, so alt sie auch sind, zeigt Olaf eben seinen Bauch, indem er auf dem Rücken schwimmt. Er hungert sogar für seine Eitelkeit, denn auf dem Rücken schwimmend kann kein Aal einen Wurm fangen, und tote Würmer oder Fische sind für Aale so eklig, daß sie lieber hungern. Monika und Otto geben ihm in dieser Zeit manchmal einen halben Wurm ab. So bringen sie Olaf dazu, wieder normal zu schwimmen, denn noch schlimmer als eine durchsichtige Kinderhaut zu haben, ist es, gefüttert zu werden.

Aale gibt es im Meer und in den Flüssen, in den Flußmündungen, wo die drei gerade leben, aber auch in Seen und in kleinen Bächen oder Gräben. Überall können Aale zu Hause sein, sie müssen sich nur entscheiden. Normalerweise entscheiden sich die Jungs eher für das Meer, vielleicht ja, weil sie schon ihr ganzes Leben im Meer verbracht haben und Angst vor dem Neuen haben. Die Mädchen dagegen schwimmen lieber flußaufwärts, bis in die kleinsten Winkel und die schlammigen Gräben zwischen den Feldern. Es gibt auch Jungs in den Flüssen und Mädchen im Meer, aber lieber ist es ihnen anders. Deswegen drängelt jetzt Monika, die weiterziehen will. So wie Otto die Elbe gerochen hat, und nicht eher stoppte, als in der Elbmündung, so riecht sie jetzt frisches Quellwasser und leckere Schnecken. Monika will weiter, Otto und Olaf wollen bleiben. Die drei könnten streiten und sich dann trennen, aber sie sind ja Freunde. Gemeinsam beschließen sie, zuerst flußaufwärts zu schwimmen, auszuprobieren, wie das Leben dort ist, und anschließend zurück ins Meer, um es dort zu probieren. Danach wollen sie entscheiden, wo sie ihr Zuhause haben wollen.

Aale werden zwölf, manche sogar fünfzehn Jahre alt. Das ist genug Zeit, sich Flüsse, Seen und das Meer anzusehen und zu entscheiden, wo sie ihr Leben verbringen wollen. Aber es lauern viele Gefahren auf sie, von denen unsere Aale erst wenige kennengelernt haben. Von diesen Gefahren ist gefressen zu werden die größte Gefahr für fast jeden Fisch, Aale machen da keine Ausnahme. Flundern, Makrelen, eigentlich alle größeren Fische essen sehr gerne kleine Aale bis der Magen kugelrund ist. Übrigens machen nicht einmal große Aale vor kleinen Halt. Wenn so ein großer einen kleinen fangen kann, dann tut er das auch und frißt ihn mit Vergnügen. Auch Möwen und Seeschwalben essen Aale, wenn sie welche am Ufer picken können, und sogar Menschen fangen die noch winzigen Glasaale in feinen Netzen, um Glasaalsuppe daraus zu kochen, oder um sie dick und rund zu füttern, und sie dann zu essen.

In den Flüssen lauern neue Gefahren, die Otto, Olaf und Monika jetzt kennenlernen: Es ist morgens, die Aale haben einen Platz gefunden, an dem sie den Tag verdämmern können, der Fluß aber wacht gerade auf. Mit dem ersten Sonnenstrahl reckt sich alles und streckt sich, die Zander jagen in der Flußmitte, die kleinen Fische verstecken sich im Schilf, bis die großen Räuber satt sind und nicht mehr so gefährlich. Monika und ihre Freunde haben sich unter einem Stein versteckt, vor dem Einschlafen beobachten sie noch das Gewimmel vor ihnen. Ein Schwarm kleiner Ukelei, nur wenig größer als sie selbst, schwimmt direkt vor ihnen. Monika ist fasziniert, wie sich alle Fische fast zugleich nach rechts und links bewegen, wie ein Ballett, nur ohne Musik. Gerade will Olaf sie auf einen Ukelei aufmerksam machen, der sich viel langsamer bewegt, der den Takt nicht halten kann, da kommt von hinten ein Rapfen, ein silbrig schimmernder Raubfisch, der den kleinen Ukelei mit einem Happs verschlingt. Stocksteif bleiben die drei in ihrem Versteck. Sie wagen sich nicht zu rühren, obwohl der Rapfen viel zu groß ist, um sie unter dem Stein zu fangen. Noch viel mehr erschrecken sie aber, als sich ein riesiger schwarzer Schatten von der Seite nähert und mit auch nur einem Happs den Rapfen schnappt. Ein Kormoran, der ein guter Schwimmer und ein noch besserer Taucher ist, sozusagen ein gefiederter, fliegender Fisch, hat vor ihren Augen seine Mahlzeit gefangen. Wenn die drei größer sind, werden sie sich vor diesen Vögeln sehr in Acht nehmen müssen, noch aber sind sie zu klein, aus der Luft kann ein Kormoran sie nicht sehen.

Krank werden Aale sehr selten. Weil sie immer so warm sind, wie das Wasser in dem sie schwimmen, können sie kein Fieber bekommen. Und niemals vergessen sie, sich einen Pullover oder eine Jacke anzuziehen, wenn sie vor die Tür treten. Bei den Aalen gibt es nämlich weder Türen noch Pullover, sie würden ja auch nichts nützen. Also gibt es bei Aalen auch keine Erkältungen.

Die einzigen Gründe für einen Aal, krank zu werden, sind vergiftetes Wasser oder viel zu wenig Sauerstoff. Früher war das Wasser der Elbe vergiftet. Menschen durften nicht einmal darin baden, und es gab viele kranke Aale. Aber inzwischen ist das Wasser nicht mehr so dreckig, sonst wäre Otto vielleicht bei Helgoland geblieben. Und Sauerstoff gibt es normalerweise immer genug, nur im Hochsommer, wenn wenig Wasser in der Elbe fließt und es viel zu warm ist, gibt es manchmal Sauerstoffmangel. Noch aber ist Frühling und das Wasser brüllt vor Sauerstoff.

Hafen Hamburg

Im Frühling schwimmen tausende kleiner Aale die Flüsse hinauf. Nicht endende Kolonnen, die das Wasser dunkel färben, ziehen an den Ufern lang, es herrscht ein Gedränge, wie kurz vor Weihnachten in den Fußgängerzonen und Kaufhäusern. Auf ihrem Weg stehen einige Aalfallen, die der Mensch für große Aale aufgestellt hat, deswegen bemerken die kleinen Aale sie auch nicht. Die Reusen zum Beispiel sind ganz typische Aalfallen. Sie bestehen aus ineinander verschachtelten Netzen, in die Fische leicht hineinfinden, aber nicht mehr raus. Ist man erst einmal darin, ist eine Reuse schlimmer als jedes Labyrinth. Es sind aber Netze, und unsere Aale so klein, daß sie leicht zwischen den Maschen durchschlüpfen können, sie merken nicht einmal, daß sie es tun. Aale werden auch geangelt, aber die Köder sind so groß, wie einer der kleinen Aale, da werden sie sicher nicht anbeißen.

Von der Mündung der Elbe an finden die Aale viele Sandbänke, kleine und größere Inseln, kleinere und größere Nebenflüsse, alles Plätze, die ihnen gut gefallen können. Meist wohnt denn auch schon ein großer Aal an diesen Stellen, das heißt, die kleinen müssen weiterziehen. Monika, Otto und Olaf bleiben nirgends lange, sie wollen immer weiter. Die Inseln vor Hamburg reizen Olaf und Otto zwar, sie würden gerne bleiben und versuchen auch, Monika zum Bleiben zu überreden, aber immer vergeblich. Monika drängt weiter. Sie muß ihre Freunde niemals an die Verabredung erinnern, zuerst das Leben in den Flüssen auszuprobieren, aber die beiden versuchen es immer wieder.

Je näher sie Hamburg kommen, desto unsicherer werden dann alle drei. Das Wasser wird immer dreckiger, es stinkt ganz furchtbar, das ist für die guten Nasen der Aale die größte Qual, und es wird sehr laut. Im Hafen selbst ist es so laut, wie auf dem Mittelstreifen einer Autobahn. Wenn das Leben in den Flüssen so laut und schmutzig ist, dann wollen sie alle lieber im Meer leben. Olaf und Otto wollen auch schon bald umkehren, mitten im Hafen glauben sie nicht, daß sie diesen Gestank und Lärm noch länger aushalten können, aber Monika drängt immer noch weiter. Sie glaubt fest an ihren Traum. Otto und Olaf werden müde und gereizt, sie bekommen so schlechte Laune, wie sie es noch nie erlebt haben, aber sie folgen Monika.

Der Hafen bleibt sehr laut. Tagsüber ist es am schlimmsten, ausgerechnet wenn die Aale schlafen wollen, wenn sie ihre Ruhe brauchen, dröhnen Hammerschläge und Schiffsschrauben, so laut, daß ein Gehörloser nicht schlafen könnte. Aale können nicht nur hören, sie können Lärm auch fühlen! Wie alle Fische haben sie ein besonderes Organ, wie eine Verlängerung des Ohrs unter der Haut, mit dem sie dumpfe, tiefe Töne auf der Haut spüren. Dieses Organ ist so fein, daß es sogar Bewegungen im Wasser erfühlen kann. Ein Aal kann damit fühlen, ob sich ein Fisch in seiner Nähe bewegt, manchmal bevor er ihn sehen kann. Im Lärm des Hafens werden die Aale fast so orientierungslos wie ein Blinder in einer Disco, dem man die Nase zuhält

Schließlich läßt Olaf den Kopf hängen. Der abenteuerlustige Olaf, der als erster in jede Höhle schwimmt, der sogar schon versucht hat, einen Fisch zu fangen, der immer einen Spaß für seine Freunde übrig hatte, Olaf wird krank. Eigentlich werden Aale ja nicht krank. Olaf hat auch kein Fieber, ihm tut nichts weh, er hat einfach zu nichts mehr Lust. Gegen den größten Hunger ißt er vielleicht mal einen halben Wurm, aber es ist ihm egal, ob er einen halb vergammelten Regenwurm bekommt, oder eine frische, leckere Mückenlarve. Und er will nicht weiterschwimmen. Mitten im Hamburger Hafen, in Sichtweite der Landungsbrücken, verkriecht er sich im Schlamm und will nicht weiter. Otto und Monika sind ratlos. Es gibt keine Aalärzte, und einen großen Aal können sie nicht fragen, der würde Olaf nicht kurieren, sondern ihn aufessen, und sie selbst gleich dazu. Olaf liegt tief unten im Schlamm, so weit eingegraben wie es eben geht. Nur wenn sein Magen so laut knurrt, wie die Schiffe über ihm, sucht er kurz nach etwas eßbarem, stillt seinen gröbsten Hunger und gräbt sich wieder tief ein. Aus dieser Schwermut läßt er sich weder von Monika noch von Otto locken.

Als Otto ihm vorschlägt, zurück ins Meer zu schwimmen, vielleicht sogar bis Helgoland, da leuchten seine Augen kurz auf, seine Schwanzspitze zuckt, aber dann vergräbt er sich wieder. Das Meer sei so weit weg, der Weg dahin so laut und stickig, er wolle bleiben und sich ausruhen. Nicht einmal Monikas Angebot, auf die Flüsse überhaupt zu verzichten und im Meer zu leben, bewirkt irgend etwas.

Dann kriecht diese Trägheit auch in Otto. Unmerklich erst, er bewegt sich nur ein kleines bißchen langsamer, was man ohne Stoppuhr nicht bemerken kann, dann wird es schlimmer. Er steht später auf, immer nach Monika, die sonst am längsten gelegen hat, und er hält sich nicht mehr die Ohren zu, wenn ein Schiff direkt über ihnen dröhnt. Lächelt Monika zuerst noch darüber, wird sie sehr nachdenklich, als sie Otto beim Wurmfang beobachtet. Otto fängt ihn nicht, zu schnell windet sich der Wurm. Das wäre nicht schlimm, aber als Monika es versucht, fängt sie ihn ohne jede Schwierigkeit. Sie weiß jetzt, daß Otto bald neben Olaf liegen wird, mit trübem Kopf und ohne Energie. Sie wird die Würmer für alle drei fangen müssen. Und wenn sie dann auch noch müde wird?

Noch ist Otto schnell genug für die meisten Würmer, noch kann sie ihn mit Olaf alleine lassen. Noch kann sie nach einem besseren Platz suchen, einem Platz, an dem sie alle glücklich sein können. Und wenn sie den nicht findet, dann ja vielleicht einen Platz, an dem sie sich erholen können, von wo aus sie zusammen suchen können. Wie sie ihre Freunde dann dorthin bringen könnte, ist ihr völlig rätselhaft, aber irgend etwas muß sie tun.

Monika rettet ihre Freunde

Bei ihrem Abschied weinen alle drei. Olaf weint, weil er glaubt, diesen Platz nie wieder zu verlassen. Er glaubt zu sterben, bevor Monika zurückkehren wird. Seine Tränen salzen die Elbe mit einer großen Freundschaft. Otto weint, weil er nicht glaubt, Olaf mit genug Futter versorgen zu können, wenn Monika ihm fehlt. Und er fürchtet, daß Monika sie in diesem Gestank nie mehr finden wird, er fühlt sich einsam und verlassen. Otto weint auch ein bißchen um sich selbst.

Monika fühlt die Tränen in ihrem Hinterkopf. Sie schleichen sich von der Seite in die Augen und fließen dann so schnell, daß das Wasser vor ihr klarer wird. Ihre Tränen sind für Olaf und Otto, für sie selbst, die nun allein weiterschwimmen muß. Die Tränen sind für den Abschied von ihren Freunden, für deren Tod, denn sie befürchtet insgeheim, nicht rechtzeitig zurückzukommen. Die Tränen sind auch für die dreckige Elbe und Hamburgs lauten Hafen, die Tränen sind für ihre grenzenlose Wut und ihre unendliche Traurigkeit. Aber die Tränen machen kein Häufchen Elend aus ihr. Sie möchte sich nicht in einer dunklen Höhle verstecken oder zwischen Otto und Olaf liegen und weinen. Die Tränen machen sie stark. Sie weint, bis die Strömung in der Elbe nachläßt, weil die Flut kommt, dann küßt sie Otto und Olaf zum Abschied, was sie noch nie getan hat, und schwimmt los, als wollte sie für die Olympiade trainieren.

Die nächsten Stunden werden eine harte Probe für Monika. Immer mehr Lärm verstopft ihre Ohren, immer mehr Dreck verstopft ihre Nase, so manche Höhle, manches Schlammloch lächelt sie verlockend an. Aber die Sorgen um ihre Freunde sind stärker, und die Tränen geben ihr die nötige Kraft. Wann immer sie sich in einem Loch verkriechen will, weint sie zwei Tränen, eine für Otto, eine für Olaf, und schwimmt weiter. Und ganz allmählich mischt sich frisches Oberwasser in die dreckige Hafenbrühe, ganz allmählich nähert sie sich dem Ende des Hafens. Das Ende hat sie zwar noch nicht erreicht, aber jeder Tropfen frisches Wasser ist ein fernes Versprechen an das gesuchte Paradies. Jeder Tropfen verspricht saubere Seen und klare Teiche, so wie die Morgendämmerung den Sonnenaufgang verspricht.

Noch aber dröhnt der Lärm einer kleinen Werft, daß sie die Vibrationen am ganzen Leib spürt, und sie kann Olaf plötzlich verstehen. Sie weiß gar nicht, wie kurz vor ihrem Ziel, sinkt sie probehalber auf den

Grund. Tief wühlt sie sich in den Schlamm, und es wird leise, dunkel und leise. Wie vor ihrer Geburt, als sie von einer Eihülle geschützt in den Tiefen der Sargasso-See dem Tag ihrer Geburt entgegendämmerte, ohne Sorgen und Ängste, liegt sie für einen Moment. Vielleicht liegt auch Olaf so da, vielleicht sehnt auch er sich in die Sargasso-See zurück. Es ist nur ein kleiner Gedanke, die Erinnerung an ihren hilflosen Freund Olaf, und Monika kann nicht im Schlamm liegenbleiben. Der Unterschied zwischen der Sargasso-See und diesem Schlamm ist nämlich nicht die Entfernung, nicht die Tiefe des Meeres oder seine Ruhe, der Unterschied sind ihre Freunde.

Es ist schon spät, Monika ist die ganze Nacht geschwommen, durch Lärm und Gestank, was sehr anstrengend war, aber der Gedanke an ihre Freunde treibt sie aus dem Schlammbett. Wenigstens ein kleines Stückchen will sie noch weiter. Wenn Aale erst einmal die Küste erreicht haben, schwimmen sie nur noch nachts. Tagsüber schlafen sie zwar nicht richtig, sie ruhen nur, aber gerade wenn sie lange und weit geschwommen, oder aus anderen Gründen sehr angestrengt sind, dann brauchen sie ihre Ruhe. Es sei denn, etwas ganz wichtiges treibt sie. Sie können noch so müde sein, wenn sie fliehen müssen, weil jemand sie fressen will, dann schwimmen sie schneller als die Augen ihrer Feinde; meistens jedenfalls. Für ihre Freunde schwimmt Monika weiter, selbst in der Helligkeit.

Das Ende des Hafens belohnt ihre Hartnäckigkeit. Weniger Werften dröhnen am Ufer, der Schiffsverkehr nimmt stetig ab, je weiter sie schwimmt, desto leiser werden die letzten Töne. Jetzt ist ihre Müdigkeit wie weggeblasen, aufgeregt schwimmt sie weiter, der Ruhe und frischem Wasser entgegen. Es ist immer noch ein weiter Weg, der ihre ganze Aufregung verbraucht. Selten macht sie noch eine kurze Pause, aber selbst ein Marathonaal muß manche Pause einlegen, also auch Monika. Vier lange Nächte und drei Tage war sie unterwegs, da findet sie ihr Plätzchen. Am Flußufer steht ein Baum, dessen große Krone das ganze Ufer beschattet und dessen Wurzeln ins Wasser ragen und dort ein Gewirr bilden, in dem sich auch dreihundert Aale verstecken und erholen könnten. Monika bleibt nur für den Rest des Tages, um sich für den anstrengenden Rückweg zu erholen, ihre Freunde warten ja auf sie. In der Abenddämmerung prägt sie sich den Geruch des Baumes gut ein und läßt sich dann von der Strömung zurück in den Hafen treiben. Flußabwärts, mit der Strömung kommt sie schnell voran, bald hört und spürt sie den Lärm wieder, sie ist zurück im Hafen.

Ihre gute Nase hilft ihr, sich schnell zurechtzufinden, das Versteck von Olaf und Otto findet sie bald. Aber die beiden kann sie nicht finden. Ein Schreck fährt ihr vom Kopf bis in die Schwanzspitze und zurück, so daß sie nicht mehr denken kann. Planlos wirbelt sie auf dem Grund umher, hält jeden Zweig für den Schwanz von Olaf und schwarze Teerklümpchen für seine Augen. Ein aufgeregter Aal ist wie ein Herbststurm in einem Blätterhaufen, überall zuckt es, überall bewegt sich etwas, aber später sieht es aus, als wäre nichts geschehen. In ihrer Verwirrung kann Monika nichts erkennen, kann sie sich nicht merken, wo sie schon gesucht hat. Nach einer Stunde ist es, als wäre sie gerade erst angekommen. Manchmal hat sie geglaubt, Ottos Geruch in ihrer Nase zu spüren, aber niemals konnte sie ihn verfolgen, dann fühlte sie sich grenzenlos einsam.

Ein Flußbarsch schwimmt in ihre Nähe. Monika ist geistesgegenwärtig genug, ihm auszuweichen, was aber, wen Otto und Olaf ihn zu spät bemerkt haben? Monika ist sicher, die richtige Stelle gefunden zu haben, und die beiden haben ihr so fest versprochen, auf sie zu warten. Ein Flußbarsch würde alles erklären, eine schreckliche Erklärung. Zweifelnd sieht Monika sich nach ihm um. Er ist fast schön mit seinem silbrigen, in Gelb und Grüntönen schillernden, schlanken Körper, den schwarzen Streifen an seiner Seite und den leuchtend roten Flossen. Gemächlich läßt er sich im Wasser treiben, wenn er aber eine Beute erspäht, dann beschleunigt er so schnell, daß seine Flossen wie rote Striche im Wasser stehen. Monika könnte zu ihm schwimmen, direkt vor sein Maul, und in sekundenschnelle wäre sie von ihm gefressen und damit bei ihren Freunden. Mutlos läßt sie sich auf den Grund sinken. Die tröstliche Berührung mit dem Schlamm weckt sie aus ihrer Trauer. Wieder ist es der Zauber der Sargasso-See, der diese unheimliche Wirkung auf Aale hat. Sie läßt den Flußbarsch schwimmen, wie weggeblasen ist ihr Wunsch, von ihm gefressen zu werden, tief wühlt sie sich in den Schlamm, die Schwanzspitze voraus. Ausruhen wird sie sich, auf die nächste Nacht warten und dann handeln. Ihre Freunde warten auf sie.

Noch nie hat sich Monika so tief in den Grund gewühlt. Sie hat sich gewundert, wie Otto und Olaf dort atmen können. Stundenlang konnte sie vor einer geschlossenen Schlammdecke warten, immer wieder aufs Neue überrascht, daß die beiden nicht erstickten, sondern irgendwann vergnügt ins Wasser zurückkehrten. Jetzt steckt sie selbst so tief im Morast und spürt, daß sie nicht atmen kann, und daß sie nicht atmen muß! Sie hatte Olaf und Otto nie glauben wollen, daß sie stundenlang kein Wasser in den Kiemen bräuchten, nun muß sie ihnen glauben.

Monika kann nicht wissen, da Aale eigentlich kaum etwas über sich selbst wissen, daß sie auch durch ihre Haut atmen kann. Wenn Aale kein Wasser mehr zwischen ihre Kiemen bekommen, können sie einen Großteil ihres Sauerstoffbedarfs über die Haut aufnehmen, sie atmen dann mit der Haut. Darum können Aale längere Zeit über Land kriechen, sie atmen dort die Luft mit ihrer Haut. Es geht sogar das Gerücht, daß Aale sich nachts auf den Feldern versammeln, um dort Erbsen zu essen. Das stimmt wahrscheinlich nicht, denn eigentlich essen Aale ja Würmer, Maden und kleine Fische, aber es bleibt Tatsache, daß sie an Land nicht ersticken, wie andere Fische.

Monika liegt im Schlamm und wartet auf die nächste Nacht. Als das Dröhnen der Hämmer verstummt, als nur noch wenige Schiffe die Elbe mit ihren Motorengeräuschen zu einer Art Wohnzimmer in Autobahnnähe machen, ist es ihr Hunger, der sie weckt. Sofort muß sie an ihre Freunde denken. Ein erster Überblick, sie ist vom Schlamm bis zur Wasseroberfläche und zurück geschwommen, zeigt weder Otto noch Olaf. Keine Schwanzspitze liegt auf dem Grund, kein freches Grinsen zeigt sich, kein Wiedersehensgeheul ertönt, noch ist Monika allein.

Es nützt niemandem, wenn ich verhungere, denkt Monika, die ihr schlechtes Gewissen beruhigen muß, nicht sofort mit der Suche zu beginnen. Sie wühlt ein bißchen im Schlamm, aber sie findet nicht einen Wurm. Sie schwimmt ans Ufer und sucht zwischen dem Seegras, immer noch kein Wurm. Erst als sie erneut in den Schlamm taucht, ganz tief hinein, findet sie ein Würmchen, das nur ihren gröbsten Hunger stillt. Mitleidig denkt sie an Otto. Wenn es ihr schon so schwer fällt, nur einen Wurm zu finden, wie soll es ihm dann ergehen, der doch Würmer für zwei fangen muß.

Ihre Suche nach Beute hat sie ins tiefe Wasser geführt, weg von dem Platz, wo sie Otto und Olaf verlassen hat. Ohne knurrenden Magen und mit neuem Mut, den schon ein kleiner Imbiß verleihen kann, schwimmt sie zurück. Inzwischen steht der Vollmond schon höher am Himmel und scheint auf den dunklen Grund. In seinen Strahlen könnte sie die beiden sehen, wenn die nur einen Quadratmillimeter Haut zeigen würden. Das tun sie nicht. Einige Stunden lang sucht Monika alles sorgfältig ab. Sie schlängelt sich unter jedes Steinchen und immer wieder gräbt sie sich tief in den Schlamm, in der leisen Hoffnung durch Zufall auf einen ihrer Freunde zu stoßen. Dann wieder schwimmt sie an die Wasseroberfläche und sucht von dort den Grund ab, den der Mond jetzt hell ausleuchtet. Aber jeder ihrer Freudenschreie erstickt in einem Schluchzer, denn immer ist es ein Stöckchen, ein Stück Plastik, einmal sogar ein großer Glassplitter, die sie für einen Aal hält.

Die ständige Enttäuschung, das nutzlose Suchen ist entsetzlich ermüdend. Jeder Hoffnungsschimmer läßt ihr Herz rasen, in diesen Momenten könnte sie mit Otto und Olaf auf dem Rücken einen Wasserfall bezwingen. Wenn aber der vermeintliche Otto doch nur ein Stöckchen ist, wenn statt Olaf sich ein Fetzen Plastik in der Strömung dreht, dann verlangsamt sich ihr Rasen bis kurz vor sie Starre. Immer mehr Mühe muß sie aufwenden, um die Suche nicht aufzugeben. Der Flußbarsch kommt ihr wieder in den Sinn. Er hätte nur zweimal zubeißen müssen, und sie findet ihre Freunde nie wieder. Ihre Zuversicht, ihr Mut ist noch nicht ganz verloren, aber sie muß eine Pause einlegen. Regungslos läßt sie sich auf den Grund sinken, trostsuchend gräbt sie ihren Schwanz ein bißchen in den Schlamm, müde liegt ihr Kopf auf einem Steinchen.

Inzwischen hat die Flut ihren Höchststand erreicht. Es ist der kurze Moment Stillwasser, da die Flut kein Wasser mehr bringt und die Ebbe noch nicht eingesetzt hat. Träge, wie ein großer, sattgefressener Aal liegt die Elbe da, langsam beginnt sie zurück ins Meer zu fließen. Auch Monika, die ja von Ebbe und Flut nichts weiß, bemerkt die Strömung. Das frische Wasser bringt ihr die Erinnerung an ihr gefundenes Versteck, an das saubere Wasser und die Höhlungen zwischen den Wurzeln. Traurig versucht sie den Geruch zu finden, nur noch ein Fünkchen Hoffnung ist in ihr, Otto und Olaf dorthin führen zu können. Mit Einsetzen der Ebbe wird die Strömung stärker, das Wasser belebt sich. Die Fische, die während der Flut in der Flußmitte geschwommen sind, kommen zurück in Ufernähe. Monika muß sich wieder vor dem Flußbarsch in Acht nehmen. Und mit der Strömung kommen auch wieder Wasserflöhe, kleinste

Fischchen und allerlei Gerüche. Der Dreck aus den Werften ist dabei, der jedem den Appetit verderben muß, und eine Ölfahne, die an der Wasseroberfläche ein schmierigen Schiller bildet. Erst im Sonnenschein wird sie in bunten Regenbogenfarben leuchten. Monika wird diese Farben nicht sehen können, sie wird auch nie einen Regenbogen sehen. Sie kann sich nicht auf einen Regenbogen träumen, auf ihm spazierengehen und spüren, wie schön die Welt ist. Unter Wasser sieht man das alles nicht, unter Wasser bleibt nur der Gestank des Öls.

Ganz leicht, in Andeutungen nur, mischt sich ein Geruch nach frischer Made in den Gestank. Was für den Menschen eklig ist, deswegen wirft er sie auch ins Wasser, läßt einen Aal vor Aufregung zittern. Noch weiß Monika nicht, wo die Maden ertrinken, sie kennt die Entfernung nicht, und sie weiß nicht, wie viele es sind. Sie weiß nicht, ob sie noch eine abbekommen wird, aber sie richtet sich schon auf, die Nase in der Strömung. Der Geruch wird stärker, es müssen sehr viele Maden sein, für alle genug. Monika denkt an ihre Freunde, die sie nicht finden kann, und die nun keine Maden bekommen werden. Ein letztes Mal blickt sie auf den Grund, danach will sie sich an Maden satt essen und anschließend weiter flußaufwärts ziehen. Sie kann nicht bleiben, wo sie ihre Freunde verloren hat.

Der Geruch wird so stark, daß er sich auf den Boden legt und dort Ottos Nase erreicht. Vor Hunger und Trübsinn hat dieser sich tief in den Boden eingegraben, nur den Kopf hat er auf dem Schlamm liegenlassen. Aber sein Kopf ist fast schwarz geworden, so daß niemand ihn erkennen konnte, auch Monika nicht, die sich doch alle Mühe gegeben hat. Der Geruch nach knackig frischer, mit feinem Obst gefütterter Made windet sich in Ottos Nase, und wie alle anderen hebt er seinen Kopf in die Strömung. Mißtrauisch schlängelt er sich aus dem Schlamm, nur um sicherzugehen, daß er sich nicht täuscht, da umschlingt ihn Monika. In letzter Sekunde hat sie ihren Otto gefunden, und in dem Freudentanz, den die beiden miteinander aufführen, liegen die Tiefe der Sargasso-See, die Wärme des Golfstroms und zwei im Einklang schlagende Herzen.

Sehr schnell weiß Otto alles, was Monika gesehen und gefunden hat, und sehr schnell weiß Monika, wie schwer ihre Aufgabe ist. Olaf liegt tief im Schlamm, kaum zeigt er einmal seinen Kopf, nur ein müdes Lächeln begrüßt Monika, ihre Erzählung hört er nicht bis zu Ende, der Lärm treibt ihn vorher in sein dunkles Versteck.

Ein Wehr verbaut den Weg

Es wäre ein lustiges Gespann, das nach den letzten Hammerschlägen seine Reise antritt, wenn Otto nicht so müde und Olaf nicht sterbenskrank wäre. Olaf ist so krank, daß er nicht mehr selbst schwimmen kann. Ohne seine Freunde würde er im Schlamm liegenbleiben und sterben, oder bald gefressen werden. So aber liegt er im Wasser und seine Freunde tragen ihn in ihrem Maul zu den Maden. Natürlich wird ihm schlecht dabei, natürlich kommen sie nur sehr langsam voran, aber sie kämpfen für ihren Freund, und dieser kämpft gegen seinen Tod. Das macht sie stark.

Der Geruch nach Maden kommt aus allen Richtungen. Er bringt ihre Mägen zum Knurren und Olaf zu schwachen Schwimmbewegungen. Am Ufer hat jemand faßweise verfaultes Obst in den Fluß geworfen, das jeden anderen Geruch überdeckt. Die drei entdecken ein Fest, als sie den ersten Apfel sehen. Es wimmelt von Aalen und Rotaugen, von Güstern und Ukelei. Schwärme unterschiedlicher Fische tun sich gemeinsam an den Maden gütlich, ohne sich gegenseitig zu stören. Es gibt so viel zu fressen, daß jeder satt wird, niemand muß zwischendurch nach einem Fischchen schnappen. Auch Olaf, der sich schon nicht mehr erinnern kann, wann er das letzte Mal etwas gegessen hat, sinkt irgendwann zufrieden zurück. Gemeinsam schlängeln sie sich in eine hohlgefressene Birne. Ohne ein Wort genießen sie, wieder vereint zu sein.

Vier Tage verbringen sie im Obstberg, der tagsüber neu aufgestockt wird, bis Olaf so weit hergestellt ist, daß er alleine schwimmen kann, dann machen sie sich auf den Weg in Monikas Versteck. Unter Monikas Führung, die nichts vergessen hat, finden sie bald den von ihr angepriesenen Baum, unter dessen weiten Wurzeln sie sich wirklich erholen und den lauten Hamburger Hafen vergessen können.

Es ist wieder einmal die glücklichste Zeit ihres Lebens. Weil Aale sich die schrecklichen Zeiten ihres Lebens nicht lange merken können, können sie bald danach wieder glücklich sein. Olaf ist gesund und voller Lebenslust. Wie schon vor Helgoland macht er ständig Ausflüge, von denen er immer strahlend berichtet. Seinem Freund Otto ist die Zeit im Hafen in besserer Erinnerung. Er weiß noch sehr gut, wie Olaf lebensmüde wurde, wie er nur noch sterben wollte und nur mit Mühe einen halben Wurm aß. Und nur unter starken Bauchschmerzen kann Otto sich an Monikas Abschied erinnern und sein langes, einsames Warten auf ihre Rückkehr. Aber auch diese Erinnerungen verblassen und Otto kann genießen, gesund zu sein, seine Lebensgeister wieder zu spüren, und alles zusammen mit seinen Freunden. Monika hat sich unter einer Wurzel versteckt. Sie sieht nach draußen, freut sich an Olaf und Otto, aber sie will nicht tollen und toben. Ruhig liegt sie da, wann immer sie Hunger hat, und sie hat oft Hunger, fängt sie sich einen Wurm oder einen kleinen Krebs, und liegt dann wieder ruhig da. Nach der Aufregung der letzten Wochen will sie keine neue mehr. Eigentlich will sie nie wieder Aufregung, sie kann auch ohne Aufregung glücklich sein.

Inzwischen wird es Herbst. Das Wasser ist noch nicht sehr kalt, aber die Nächte werden immer länger, die Tage kürzer, instinktiv wissen die Aale, daß sie demnächst einen Winterruheplatz suchen müssen. Das ist noch nicht sehr eilig. Es ist ja auch noch nicht Weihnachten, wenn die erste Kerze angezündet wird, aber dann weiß man, daß Weihnachten kommt. Monika will den Winter nicht zwischen den Wurzeln verbringen. Sie wartet, bis Otto sich erholt hat, läßt ihn sich noch Speck anfressen und ein bißchen spielen, dann drängt sie zum Aufbruch. Sie will noch einen kleinen See finden. Otto und Olaf sind einverstanden, also ziehen sie eines abends los.

Alle Fische, die flußaufwärts schwimmen, und das tun die meisten irgendwann in ihrem Leben, orientieren sich an der Strömung. Sie schwimmen einfach dahin, wo das Wasser herkommt. Dann müssen sie auch auf kleine Seen und Bäche treffen. In der Elbe selbst kann das lange dauern, sie ist über 1000 Kilometer lang, aber es gibt unzählige Bäche und Flüßchen, die in die Elbe münden. Mehr oder weniger stark strömen sie in den Fluß und locken die Fische mit ihrem Geruch. Die kleinen Bäche aus den Vierlanden, an denen sie zuerst vorbeischwimmen, riechen sehr unappetitlich. Sie fließen durch ein Gemüseanbaugebiet, in dem die Bauern kräftig düngen. So kräftig, daß sie nicht nur Riesentomaten ernten, sondern auch noch die Bäche düngen. Dünger stinkt zwar nicht so schlimm wie Öl, aber die Aale wollen hier nicht bleiben. Sie suchen klares Wasser, einen schlammigen Boden mit vielen Steinen und keinen Gestank nach Dünger.

Weiter elbaufwärts liegt Geesthacht und bei Geesthacht ein Hindernis, auf das ihr Instinkt keine Antwort weiß. Hier haben die Menschen ein Wehr gebaut, damit die Elbe auch im Sommer schiffbar bleibt. Die Wehrtore stehen mitten im Strom und stauen das Wasser, bis es über sie hinwegfällt. Es entsteht ein kleiner Wasserfall, den kein Fisch überwinden kann. Nur einige Lachse sind groß und stark genug, sie können über den Wasserfall hinwegspringen. Bewundernd sehen die Aale ihnen zu und lachen laut und herzlich, als Olaf versucht, es ihnen nachzutun. Den Kopf und die Hälfte seines Körpers bringt er durch seinen Schwung aus dem Wasser, dann klatscht er zurück. Ein Aal ist eben kein Lachs.

Auch ohne diesen Versuch wissen die Aale, daß sie dieses Hindernis im Wasser nicht überwinden können, sie müssen es über Land versuchen. Wieder ist Olaf schneller als die anderen. Ganz eng schmiegt er sich an die Wand neben dem Wehrtor, streckt den Kopf aus dem Wasser und beginnt, sich nach oben zu schlängeln. Wie eine Fliege klebt er an der Wand und kriecht Zentimeter für Zentimeter nach oben. Nach anfänglichem Staunen machen Monika und Otto es ihm nach. Und sie sind nicht allein. Mehr und mehr Aale, die alle flußaufwärts ziehen wollen, kleben an der Wand. Dicht an dicht klettern sie ihren Bächen und Seen entgegen. Bald beginnt ein geheimer Wettstreit, wer klettert am schnellsten, wer am höchsten, wer schafft es als erster, das Hindernis zu überklettern. Die Aale sind eben noch jung und verspielt. Ihr Ziel ist ernst, sie sind auf Wanderschaft, aber wie schön, wenn ein Teil des ernsten, gefährlichen Weges zum Spiel, zum Wettstreit wird.

Einerseits gewinnt Olaf. Er klettert schneller als die anderen, er hat schon zwanzig Zentimeter geschafft. Aber die Mauer ist drei Meter hoch und besteht aus trockenem Beton, so weit kann kein Aal klettern. Zuerst löst sich Olafs Kopf von der Wand. Er kann ihn einfach nicht mehr halten. Langsam folgt der Hals, dann der Bauch, und dann geht alles ganz schnell. Ein leises Klatschen und Olaf schwimmt wieder dort, wo ein Aal hingehört, im Wasser. Monika und Otto, die Olaf genau beobachtet haben, zögern nicht. Zugleich drücken sie sich von der Wand ab, noch zwei leise Klatscher und alle drei schwimmen vor dem Wehr und suchen einen anderen Weg.

Zum Glück für alle aufstiegswilligen Fische bauen Menschen nicht nur Wehre, sondern auch Schleusen und besondere Fischwege, sogenannte Fischpässe. Die Schleusen sind Umwege für die Schiffe, die natürlich den Wasserfall auch nicht bezwingen können. Da aber die Fische Verkehrszeichen nicht lesen können finden sie die Schleusen nur zufällig, auf jeden Fall selten. Fischpässe dagegen sind extra für die Fische gemacht. Fischpässe sind kleine Bäche, die direkt neben den Wehrtoren fließen. Das Wasser strömt hindurch und riecht genauso, wie das Wasser im Fluß. Es ist ja auch dasselbe. Die Fische müssen also nur die leichte Strömung bemerken, und Fische sind sehr gut im Strömung bemerken, dann können sie das Wehr umschwimmen.

Der Fluß oberhalb des Wehrs unterscheidet sich durch die fehlende Tide. Ebbe und Flut werden an den Wehrtoren aufgehalten, genauso wie das Wasser, das von oben kommt. Gleichmäßig träge fließt er dahin, fest verwachsen mit seinem Bett, das er nur für ein Hochwasser, während der Schneeschmelze und nach langen und kräftigen Regenfällen, verläßt. Ungerührt umfließt er die von Menschenhand in seinen Lauf gebauten Buhnen, das sind lange Steinwälle, in der Flußmitte schnell, zwischen den Buhnen sich in Wirbel und Ruhezonen verlierend. Unermüdlich trägt er Schwebstoffe und Sand ins Meer, lagert sie hier und da in seinem Lauf ab, wodurch der Fluß sich ständig ändert. Darum baggern die Menschen auch so viel, aber wieviel sie auch baggern, der Fluß läßt sich kaum stören.

Viel sieht der Fluß während seines langen Laufs, und kümmert sich doch nicht darum. Gleichgültig gegenüber den Schiffen, die seinen breiten Rücken benutzen, gleichgültig gegenüber den Menschen, die seinen Lauf verbauen und ihn dirigieren, gleichgültig gegen Wehre, Schleusen, Brücken und Tunnel trägt er sein Wasser ins Meer. Auch das Schicksal der drei Aale rührt ihn nicht, nur manchmal, wenn Olaf besonders müde ist und Monika zuviel Vorsprung hat auf dem Weg in ihren See, dann strömt er hier ein wenig schneller, dort ein wenig langsamer. Der Fluß ist so etwas wie der Großvater aller seiner Bewohner. Er hält seine Hand über sie, er gibt ihnen Lebensraum, mischt sich aber nicht direkt in ihre Angelegenheiten, es sei denn, er hilft Olaf ein bißchen. Der Fluß läßt alles geschehen.

Drei Monate schlafen

Otto wird als erster müde. Es ist nicht die Müdigkeit der Muskeln, im Gegenteil, seine Kraft und Ausdauer wachsen mit jedem Millimeter, den er wächst. Otto befällt eine Müdigkeit des Kopfes. Otto wird müde im Geist, er will einfach nicht weiter. Jeden Abend, wenn sie ihr Versteck verlassen wollen, räkelt sich Otto länger. Bald muß er extra geweckt werden, dann umschmeichelt, mit einem Wurm gelockt, bis er endlich aus dem Schlamm gekrochen kommt. Immer häufiger fragt er, wie weit sie denn noch schwimmen wollen, immer häufiger möchte er eine Pause machen, sich etwas zu essen fangen. Otto will längst angekommen sein. Zusammen halten Olaf und Monika ihn noch bei Laune, aber dann verläßt auch Olaf die Reiselust. Wie Otto will auch er nicht mehr aufstehen, nicht mehr schwimmen, nicht gegen die Strömung kämpfen, er will sich ausruhen und lange, lange schlafen.

Jetzt will nur noch Monika weiter, und sie hat zu kämpfen wie eine Mutter mit zwei Kindern, die noch im Auto sitzen müssen, obwohl ihnen die Beine schon einschlafen. Sie fängt jeden Abend als erstes zwei Würmer, für jeden der beiden einen. Ohne einen Wurm wären die beiden nicht mehr aus dem Schlamm zu locken. Hat sie ihre Würmer verteilt, beginnt sie zu schmeicheln, aufzumuntern. Sie schwärmt von klaren Bächen voller Wasserflöhe und Würmer, voll großer und kleiner Steine, zwischen denen sie leben könnten, wie in einem Palast. Woran man mal sieht, daß ein Palast für einen Aal etwas ganz anderes ist, als ein Palast für einen Menschen.

Nun wird auch das Wasser immer kälter. Die Aale bemerken das nicht, sie haben schließlich kein Thermometer dabei, sie bemerken nur, daß sie langsamer schwimmen, und eigentlich gar nicht mehr schwimmen wollen. Jetzt wollen sie alle in ein Winterlager. Am ersten Abend, an dem Monika nicht voll Enthusiasmus, voller Energie zum Aufbruch drängt, ist es so weit. Otto und Olaf schwimmen nicht weiter, und lassen sich auch nicht mehr dazu überreden. Sie haben den Tag zwischen Steinen verbracht, die Menschen ans Ufer geschüttet haben. Die Elbe hat noch ordentlich Schlamm dazwischen gespült, schwarzen Morast, vor dem menschliche Füße sich ekeln, für Aale aber ein tolles Versteck. Ohne zu singen und zu tanzen, eher zufrieden, wie übermüdete Kinder, die endlich die Augen schließen können, rutschen sie probehalber in den Modder. So gut gefällt es ihnen darin, daß sie kein anderes Versteck mehr probieren wollen. Im Augenblick sind sie tief und fest eingeschlafen.

Drei Monate liegen sie nebeneinander im Schlamm. Drei Monate schweigen sie, drei Monate lang verlassen sie ihr Versteck nicht. In diesen drei Monaten ist es so, als hätte es sie nie gegeben.

Der Körper der Aale bleibt so kalt, wie das Wasser um ihn herum. Und je kälter es wird, desto langsamer bewegen sich die Aale. Unsere Aale bewegen sich schon gar nicht mehr, aber auch ihr Herz schlägt langsamer, ihr Magen verdaut langsamer und hört schließlich ganz damit auf. Nur mit Mühe verdauen die Aale ihren letzten Wurm, danach essen sie den ganzen Winter nichts mehr. Sie haben sogar den ganzen Winter lang keinen Hunger. Das Wasser wird noch kälter, auf der Oberfläche schwimmen die ersten Eisschollen, und die Aale bemerken nichts mehr. Ihr Herz schlägt noch langsamer, man könnte glauben, sie seien gestorben. Bis in den Frühling hinein könnte man das glauben.

Im Schlamm bemerken die Aale ihre Umwelt überhaupt nicht mehr. Sie spüren die großen Stürme nicht, die sogar im Fluß meterhohe Wellen auftürmen, und nicht die klaren, aber eiskalten Tage, an denen das Eis täglich einen halben Zentimeter dicker wird. Sie sehen die Menschen nicht, die das Eis zu früh betreten und deswegen bis zur Hüfte im Eiswasser versinken, sie hören das Kratzen der Schlittschuhe auf dem Eis nicht, und sie hören das Krachen des Eises nicht, als es im Frühjahr wärmer wird und das Eis in große Schollen zerbrochen ins Meer treibt.

Jeder der drei ist zwischendurch aufgewacht. Sie haben leicht geblinzelt, im Schlamm so dunkel wie die Sargasso-See, haben gespürt, daß sie sich noch nicht wieder bewegen können. Sie haben gespürt, daß der Frühling noch auf sich warten läßt, und sind sofort wieder eingeschlafen. Es ist ihnen nicht langweilig geworden, nicht einmal dem so neugierigen und abenteuerlustigen Olaf, so fest haben sie geschlafen. Ihr Schlaf war so etwas wie ein kleiner Tod, und darum auch das Erwachen im Frühling so etwas wie eine Geburt. Natürlich können sie sich aneinander erinnern, als sie sich zusammen aus dem Schlamm befreien. Sie freuen sich miteinander, daß sie wieder leben, an den langen Winter haben sie keine Erinnerung.

Als hätten sie sich nicht vor drei Monaten, sondern erst gestern in ihrem Winterlager versteckt, drängt Monika sofort zum Aufbruch. Wie ein Kind und jeder andere Mensch sich bewegen muß, wenn sie zu lange im Auto gesessen haben, schwimmt sie unruhig auf und ab, voll Sorge, ihre Freunde könnten die Abmachung vergessen haben. Und tatsächlich wollen ihre Freunde lieber ins Meer. Als sie den Schlamm verlassen, hören sie das Meeresrauschen in sich, und spüren sie die Wellen, in denen man so wunderbar spielen kann. Aber keiner der beiden hat die Abmachung vergessen, und niemals wollten sie Monika verlassen, da kann das Watt noch so sehr mit seinen Würmern und Wellen locken. Sofort aufzubrechen weigert sich Otto allerdings. Es ist so lange her, daß er sich einmal so richtig satt essen konnte, er will erst essen bis er umfällt, sich davon erholen und dann aufbrechen.

Ein Jahr im Teich

Nächtelang überbieten sich Otto, Olaf und Monika im Wasserflohwettessen, im Würmerfang, und stellen ihre Bäuche zur Schau, als könnten sie einen Preis dafür bekommen. Kaum hat nämlich Otto über seinen Hunger geklagt, ist er auch den anderen beiden eingefallen. Und so beginnt, was von nun an in jedem Frühjahr stattfinden wird: das große Frühjahrsfressen. Noch sind die Aale klein, da dauert es nicht so lange, bis sie pappsatt sind, nach drei Tagen können sie los.

Die Elbe im Frühjahr ist dieselbe, die sie schon im Herbst war, und sie unterscheidet sich doch sehr, was die Aale sehr schnell spüren. Unbedarft schwimmen sie am Ufer entlang, an Steinen vorbei, zwischen denen sie sich so gerne verstecken. Ohne Unheil zu ahnen, sucht Otto nach seiner Lieblingsspeise, nach kleinen Mückenlarven, da schießt ein riesiger Fisch auf ihn los, das Maul so weit offen, daß fünf Ottos darin Platz hätten. Zu Tode erschrocken rast Otto zurück zwischen die Steine, daß der große Fisch sich damit begnügen muß, Otto vertrieben zu haben. Otto kann noch nicht wissen, daß im Frühling Laichzeit ist. Viele Fische legen jetzt ihre Eier ab und manche bewachen sie anschließend. Wehe ein Fisch kommt in die Nähe eines bewachten Nestes. Sofort wird er angegriffen, vertrieben oder sogar gefressen. Otto ist von einem Zander angegriffen worden, einem großen Raubfisch mit vielen scharfen Zähnen, der auch größere Aale fressen kann. Nur mit Glück und guter Reaktion ist er ihm entkommen, von nun an passen sie alle sehr gut auf.

Die Fischeier, der Laich liegt im Frühjahr überall

herum. Manche Fische bauen Nester auf dem Grund oder wühlen eine Grube in den Kies, andere kleben sie an Wasserpflanzen, zwischen Steine, und manche lassen sie einfach schwimmen. Und der Laich ist Nahrung für die Fische. So wie Menschen Hühnereier zum Frühstück essen, so fressen Aale Fischeier. Bis in den Frühsommer findet Olaf zum Beispiel die leckeren Eier der Brassen. Angeklebt an langes Seegras und an Hornblätter, bildet der Laich große Trauben, an denen keiner vorbeischwimmen kann. Wenn Olaf eine solche Traube entdeckt, gibt es für niemanden ein Halten. Jeder Biß in ein Brassenei versinkt zunächst, wie der Biß in einen Luftballon, dann platzt das Ei und heraus fließt ein köstlicher, leicht salziger Saft, der besser schmeckt als selbst eine kleine Mückenlarve. Und das Essen ist auch noch lustig, denn manchmal platzt eine Ei in die falsche Richtung, dann knallen die Kiefer zusammen, aber der Mund bleibt leer.

Nicht nur die Fische laichen, überall entsteht neues Leben. Den Wasserpflanzen wachsen neue, in frischem Grün glänzende Blätter, die Seerosen schicken neue Knospen an die Wasseroberfläche und auch die Biber und Wasserratten haben Nachwuchs zu versorgen. Das kalte, geruchlose Wasser der Schneeschmelze ist durch die Elbe geflossen, als die Aale noch schliefen, jetzt füllt das Wasser von warmen Frühlingsregen den Fluß. Alles ist voll abgespültem Blütenstaub, Algen wachsen wie verrückt und mit ihnen kommen immer mehr Wasserflöhe, die von den Algen leben. Manchmal, an besonders schönen Tagen, wenn die Sonne schräg am Himmel steht und kein Windhauch die

Wasseroberfläche kräuselt, entsteht ein feiner, leicht schillernder Regenbogen in den Algen. Dann stürzen Monika, Otto und Olaf auf ihn los. Jeder auf einer Farbe, Monika gefällt das Rot am besten, rutschen sie auf ihrem Bauch über den Bogen und fangen jeden Wasserfloh, der ihnen vor das Maul schwimmt. Sie nennen es Wasserflohreiten in Farbe, und es ist ihr liebstes Spiel.

Jeden Abend drängt Monika weiter. All die verlockenden Dinge können sie nicht in der Elbe halten. Sie weiß zwar nicht, was sie in den kleinen Bächen und Seen erwartet, aber sie sehnt sich so danach, daß Otto und Olaf ihr zuliebe schneller schwimmen, als sie das eigentlich wollten. Und so bleiben sie nicht mehr lange in der Elbe. Aus dem nächsten Nebenfluß, eher einem Bach, so klein, daß nur die Nachbarn seinen Namen kennen, lockt ein ungehöriger Duft, dem alle drei folgen wollen. Nur Olaf ist ein bißchen wehmütig. Schnell sucht er noch eine Traube Laich, die sie gemeinsam verspeisen, dann verlassen sie die Elbe.

Anders als der große Fluß, fließt der kleine Bach viel ungleichmäßiger. Mal wirbelt und plätschert er um grobe Steine, da ist das Wasser dann klar und voller Sauerstoff. Dort fühlen sich Forellen wohl. Dann wieder fließt er breit und träge, langsam, ganz langsam drückt er sich in die Elbe. An diesen Stellen fühlen sich die Aale wohl. Da ist das Schwimmen nicht so anstrengend, da ist meistens der Boden schlammig und immer ein Wurm zu finden.

In den kleinen Bächen gibt es auch weniger große Raubfische. Sobald der Bach breiter wird, wenn er gar einen See bildet, sehen die Aale Zander, Barsche und sogar einen Hecht. So groß und gefährlich steht dieser am Schilfrand, daß alle drei zum anderen Ufer schwimmen und aus sicherer Entfernung den Hecht auf Beute lauern sehen. Gut getarnt durch seine grasgrünen Schuppen schwebt der Hecht bewegungslos im Schilf. Das riesige Maul ist leicht geöffnet und weit blinken die scharfen Reißzähne, mit denen der Hecht jedes Opfer festhalten kann. Ganz vorsichtig hält der Hecht mit seinen durchsichtigen, aber trotzdem kräftigen Brustflossen sein Gleichgewicht. Lange steht er völlig unbewegt. Olaf verliert schon seine Geduld, er will weiter, aber Monika hält ihn zurück. In vertrauter Stellung, den Schwanz in den Schlamm gewühlt, eng aneinandergedrückt, starren sie auf den Hecht.

Den dreien wird eine Vorstellung geboten, während der zunächst nichts geschieht. Ruhig steht der Hecht und beobachtet aufmerksam seine Umgebung. Er hat auch die drei Aale gesehen, aber die sind zu weit weg und außerdem viel zu klein. Für einen so großen Hecht taugen so kleine Aale nicht einmal als Vorspeise. Äußerlich genauso ruhig, innerlich aber zum Zerreißen gespannt, liegt Monika zwischen ihren Freunden.

Als der Hecht schließlich doch zuschnappt, geschieht alles so schnell, daß es niemand wirklich gesehen hat. Blitzartig hat sich der mächtige Körper aus dem Schilf katapultiert und auf einen unachtsam daherschwimmenden kleinen Fisch gestürzt. Quer steckt die unglückliche Rotfeder im Maul des Hechts, bald erstirbt das Zappeln, das den Hecht sowieso nicht gestört hat. Mit einer schnellen Bewegung dreht er den Fisch im Maul und in zwei ruckartigen

Bewegungen verschwindet die Rotfeder kopfüber im gefräßigen Schlund. Nach weniger als einer Minute steht der Hecht wieder im Schilf, jagdbereit, als habe er noch nichts gegessen.

Nach dieser Vorstellung drängen Otto und Olaf weiter. In der Nähe dieses Ungeheuers fühlen sie sich nicht wohl. Jetzt wollen sie in einen kleinen Bach oder Teich, in dem es keine Hechte oder Zander gibt, jetzt beeilen sie sich, den Zufluß zum See zu finden. Was sie nur ahnen ist, daß sie in flachen Gewässern aus der Luft zu sehen sind. Viel besser als in tiefem Wasser können Vögel hier Fische fangen, und tun das auch. Die Gefahr wird nicht geringer, sie ändert sich nur. Am liebsten halten sich Aale ja auch in Höhlen auf. Da gibt es weder Raubfische, noch lauern dort Vögel auf Beute. Wenn das Leben in Höhlen nicht langweilig würde und wenn es dort genug zu fressen gäbe, dann würden unsere Aale eine einmal gefundene Höhle nicht mehr verlassen. Der See, in dem sie den Hecht beobachtet haben, bietet keine Höhlen an. Sie schwimmen einmal um ihn herum, immer mit einem Auge auf den Hecht, bis sie den Ausgang gefunden haben.

Den einzigen Zufluß zu diesem See bietet der Mühlbach. Zwar arbeitet die Mühle längst nicht mehr, das Rad ist zerbrochen, Birken wachsen im Gebäude und zwischen den Schaufeln, aber den Bach mit seinem Wehr gibt es noch. Damit die Mühle funktionieren kann, ist der Bach durch ein Wehr aufgestaut worden, und so wie sich das Wasser von oben staut, so stauen sich die Fische von unten. Nur für die Aale ist gesorgt. Am Rand des Wehrs liegt ein Holzbrett, auf dem Reisig festgebunden worden ist.

Von oben tröpfelt Wasser darauf und hält alles schön feucht, so wie die Aale es lieben. Die Menschen nennen so ein Ding einen Aalsteig.

Olaf entdeckt diesen Aalsteig. Seinem sehr feinen Gefühl für Strömungen sind die leisen Wassertropfen des Aalsteigs nicht entgangen. Diesmal probiert er zuerst aus, was er gefunden hat, er will seine Freunde nicht wieder von einer Betonwand fallen sehen. Eng zwischen Reisig und Brett gequetscht beginnt er seine Klettertour. Schön feucht ist es hier, nicht so trocken wie auf dem Beton, der Olaf den Schleim vom Bauch gerubbelt hat. Verlockend scheint die Sonne durch die Zweige. Aale sonnen sich nicht. Die Sonne trocknet ihre Körper aus und auch braun werden sie nicht. Aber Aale lieben die Wärme. Sie können sich nicht selbst und sich nicht gegenseitig wärmen, darum lassen sie sich von Wärme anlocken. Je wärmer ihnen ist, desto schneller können sie sich bewegen, desto besser können sie riechen, desto besser geht es ihnen. Die warmen Strahlen der Sonne locken Olaf. Zwischen den glitzernden Tröpfchen auf schwarzem Reisig arbeitet sich der Kleine nach oben, warm von der Sonne wie eine Pizza aus dem Ofen.

Ganz oben, wo das Wasser über eine Schwelle auf den Aalsteig fließt, sitzt eine Möwe und ißt kleine unvorsichtige Aale zu ihrem Abendbrot. Olaf sieht sie rechtzeitig. Steif versteckt er sich im Reisig, und kann nicht verhindern, daß die Möwe Beute macht. Olaf bleibt nicht lang, er hat genug gesehen. Er weiß, daß dieses der richtige Weg ist, also dreht er um und rutscht die ganze Treppe zurück in den See. Jauchzend kommt er unten an, auf so einer rasenden Rutschpartie vergißt er sogar die Möwe. Für Olaf war das ein Gefühl, als würde er beim Schaukeln mit den Füßen den Himmel berühren, und mit dieser Begeisterung fällt es ihm leicht, Otto und Monika auf den Steig zu locken. Fünfmal klettern sie die Treppe nach oben, fünfmal sehen sie die Möwe noch dort stehen, fünfmal schütteln sie energisch ihren kleinen Kopf und fünfmal sausen sie kopfüber in den See zurück.

Es ist gut für die Aale, daß sie viel in der Nacht schwimmen, denn die Möwe hat Hunger. Sie bleibt sitzen, bis die Sonne untergeht. Erst dann ist der Weg frei und die lange Reise von der Sargasso-See steht kurz vor ihrem ersten Ende. Der Mühlbach ist nicht mehr lang. Er führt noch durch zwei kleine Teiche und wird dann so flach, daß die Aale nicht weiterschwimmen wollen. Sie müssen auch nicht mehr. In den Teichen gibt es keine Raubfische, da kein Raubfisch einen Aalsteig benutzen kann. Es gibt schlammige und klare Stellen und genug zu fressen. Es gibt noch einen weiteren Vorteil, von dem keiner von den dreien etwas wissen kann: Weil es keine Fische in den Teichen gibt, gibt es auch keine Angler.

Beinahe unbeschwert also, nur auf aalfressende Vögel müssen sie achten, leben und tollen Otto, Olaf und Monika in den beiden Teichen. Olaf erkundet wieder jeden Stein und jede Höhle, manchmal sehen ihn die anderen tagelang nicht. Otto ist auch neugierig, schwimmt aber nicht so weit weg von Monika, und diese selbst begnügt sich mit Essen und Schlafen. Die Lebensbedingungen für Aale könnten kaum besser sein. Niemals müssen sie hungern, es gibt viele Verstecke und Schlammkuhlen, in denen sie sich ausruhen können, und noch wird es ihnen nicht langweilig. Aale mit einem solchen Leben, aber auch andere Tiere und sogar Menschen, die sich niemals Sorgen machen müssen, wachsen schneller und werden besonders kräftig. In ihrem ersten Jahr in den Teichen wachsen die drei wie verrückt, Monika wie völlig verrückt. Sie ist fast zwanzig Zentimeter lang und so dick wie ein Kinderfinger, als sie sich in ihrem Winterruhelager zusammenkuscheln. Otto und Olaf sind stolz auf ihre große Freundin. Von den Seiten drängen sie sich an sie und fallen beruhigt in ihren tiefen Winterschlaf.

In diesem Jahr setzt der Winter früh ein. Schon im November überzieht eine dünne, im Sonnenlicht glitzernde Eisschicht die Teiche und verspricht einen langen, harten Winter. Die Aale schlafen tief und fest, ihr Herz schlägt so langsam, daß man es mit dem Minutenzeiger messen könnte, sie spüren nichts von der Kälte. Die Menschen beginnen ihre Schlittschuhe zu putzen und lernen alte Glühweinrezepte auswendig, da wird es doch noch einmal warm. Jeder hat schon an weiße Weihnachten geglaubt, die Schneemänner haben rote Zipfelmützen auf und unter den Weihnachtsbäumen stapeln sich Rodel und Ski, da beginnt es zu regnen. In nur zwei Tagen ist die weiße Pracht dahingeschmolzen und der warme Regen wärmt die Teiche. Diese Wärme weckt die Aale auf. Ihre Augen öffnen sich, ihr Puls wird schneller und sie bekommen Hunger.

Zuerst schwimmen Otto und Olaf los. Weil sie dünner sind als Monika, sind sie auch schneller aufgetaut. Und sofort schwimmen sie auf Nahrungssuche. Während in den Öfen des nahen Dorfes Gänsebraten bräunen und große Töpfe voller Rotkohl leise vor sich hin blubbern, verspeisen Otto und Olaf jeder einen Wasserfloh. Aber sie finden nicht mehr als einen, und wenn sie auch viele fangen könnten, sie würden einfach nicht mehr satt. Sie sind keine kleinen, niedlichen Aale mehr, die schon einen Floh im Magen bemerken, sie sind größer geworden. Während im Dorf Kartoffelklöße auf den Herd geschoben werden und die Kinder den Weihnachtsbaum aufgeregt durch ein Schlüsselloch betrachten, suchen Otto und Olaf nach etwas, das sie sättigt.

So ein See im Winter ist fast wie ausgestorben. Die Fische haben sich alle in tieferes Wasser zurückgezogen und dämmern da dem Frühling entgegen. Selbst wenn es also Fische in den Teichen gäbe, Otto und Olaf würden sie kaum finden. Die Würmer stecken tief im Schlamm, und Wasserflöhe, die sonst immer zu finden sind, scheinen ausgestorben zu sein.

Es ist stockfinster. An den Tannenbäumen werden die Kerzen angezündet und die sorgsam verschlossenen Wohnzimmertüren werden geöffnet. Überall stürzen Kinder vor ihren Baum. Mit leuchtenden Augen bestaunen sie ihre Geschenke und überlegen sehr scharf, welches sie zuerst öffnen sollen. Da erleben auch Otto und Olaf ihre Bescherung. Ein kleiner Schwarm Geistergarnelen hat sich in einer Wasserpflanze verfangen und ist zu müde, um noch zu fliehen. In nur fünf Minuten sind ihre Bäuche dick und rund. Jeder sammelt noch so viele Garnelen, wie er nur tragen kann, um sie Monika zu schenken.

Monika liegt noch in ihrem Schlammbett. Für sie ist es noch zu kalt zum schwimmen, aber es ist schon warm genug, Hunger zu bekommen. Die Geistergarnelen sind deswegen ein besonderes Geschenk für sie. „Wie schön, daß ich solche Freunde habe", haucht sie Otto und Olaf ins Ohr, während sie jede einzelne Garnele genießt, als wäre sie ein Vanilleeis. Rückwärts wühlen sich Olaf und Otto zurück ins Schlammbett, ohne ein weiteres Wort schließen sie die Augen und träumen sich in den siebten Aalhimmel, den sie erst im Frühjahr wieder verlassen.

Sprung über das Wehr

Im Frühling ist es Monika selbst, die nicht mehr in den Teichen bleiben will. Es war ihr Traum, ihr Leben in solchen Teichen zu verbringen, und nun bemerkt sie, daß sie einfach nicht bleiben kann. Als das Eis geschmolzen ist und das Wasser eine angenehme Temperatur erreicht hat, kriechen die Aale aus dem Schlamm und wollen alles aufholen, was sie im Winter verpaßt haben: Sie fressen, ohne aufhören zu können. Otto und Olaf, beide deutlich kleiner als Monika, die schon aussieht wie ihre große Schwester, sind irgendwann satt. Sie beginnen ihr Leben, so wie sie es im Herbst geführt haben: Beide untersuchen ihre Lieblingsplätze nach Veränderungen, sie schwimmen um die Wette, und vor lauter Übermut kriechen sie im Mondschein schon mal auf den Strand. Monika dagegen ißt und ißt, und wird niemals satt. So schnell sie neue Würmer findet, Wasserflöhe fängt oder eine kleine Krabbe, so schnell hat sie alles wieder verdaut, und der Hunger treibt sie weiter. Nun hat sie auch keine anderen Aufgaben, als Essen zu suchen. Sie muß nicht zur Schule gehen oder arbeiten, sie hat keine Kinder zu versorgen und muß keinen Laich bewachen, aber wenn sie Otto und Olaf tollen sieht, dann wird sie neidisch. Dann möchte sie mitspielen, schließlich ist sie auch nicht älter als ihre Freunde.

Eines Tages träumt sie von einem kleinen Fisch. Eine Ukelei vielleicht oder eine kleine Rotfeder schwimmt so dicht vor ihrer Nase und sieht so appetitlich aus, sie müßte nur zuschnappen. Mit einem kräftigen Schlag ihres Schwanzes schnellt sie nach vorn, das Maul so weit offen wie ein Hecht; sie schnappt ins Leere, es war ja nur ein Traum. Aber dieser Traum, so wie der Traum von klaren Bächen und kleinen Teichen, der sie hierhergebracht hat, bringt sie dazu, sich ein neues Zuhause zu wünschen.

Otto und Olaf muß sie nicht lange überreden. Die beiden haben sich zwar gut eingelebt und könnten auch noch bleiben, aber die Aussicht, den Fluß hinabzuziehen, begeistert sie so sehr, daß sie sofort aufbrechen wollen. Jetzt beginnt ihr Traum, sie wandern ins Meer.

Wenn Aale umziehen, dann müssen sie nichts packen. Sie verlassen kein Haus, an dem sie gebaut haben, sie müssen nicht wieder von vorne beginnen, es ist eher, als würden sie auf einen anderen Spielplatz gehen. So dauert es auch nicht lange, bis die drei wieder auf Wanderschaft sind. Ein bißchen wehmütig durchschwimmen sie zum letzten Mal die Teiche, die ihnen ein schönes Zuhause geboten haben, und nähern sich dann dem Wehr.

Am Ende des Aalsteigs, über den sie vor genau einem Jahr in die Teiche geschwommen sind, sitzt wie unvermeidlich eine hungrige Möwe. So wie sie den Zugang zu den Teichen bewacht, so bewacht sie auch den Ausgang. Ein unvorsichtiger Aal, sogar einer von Monikas Größe, wäre ihre sichere Beute. Aber Aale sind geduldig. Sie wühlen sich auf ihrem Platz fest, beobachten genau das, was sie sehen wollen, und warten stur. Monika und Otto suchen sich einen Platz, von dem aus sie die Möwe sehen können, und warten erschreckend geduldig, daß diese fortfliegt. Spätestens in der Nacht, das wissen sie sicher, wird es soweit sein, dann ist ihr Weg frei.

Es ist Olaf, der wagemutige und gleichzeitig der ungeduldige, der nach einem anderen Weg sucht. Ohne von seinem Vorhaben zu erzählen, schwimmt er davon. Er hat eine Strömung gespürt, die nicht vom Aalsteig verursacht sein kann, nach ihr will er suchen. Ein Aal hat nicht wirklich eine Vorstellung von einem Wasserfall, aber er kann sich noch gut an den Wirbel erinnern, den er im letzten Frühjahr neben dem Aalsteig bemerkt hat. In seinem Gefühl hängt dieser Wirbel mit der Strömung zusammen, danach will er jetzt forschen.

Olaf läßt sich im Wasser treiben, an der wartenden Möwe vorbei, bis er an eine Holzwand stößt. Durch winzige Löcher und Spalten fließt das Wasser durch die Wand, so winzig, daß nicht einmal ein ganz kleiner Aal sich durchzwängen könnte, und Aale sind Weltmeister im durch winzige Löcher kriechen. Das meiste Wasser fließt auch nicht durch diese Löcher, das meiste Wasser fließt über die Wand. In voller Breite strömt es so mächtig über die Kante, daß Olaf erschrocken seinen Kopf einzieht, als er einen kurzen Blick riskiert.

Er wäre nicht der wagemutige, nicht der neugierige und abenteuerlustige Olaf, wenn die Geschwindigkeit der Strömung ihn lange schockieren würde. Mit etwas Anlauf und tiefem Durchatmen schwimmt er noch einmal in die Flut, hält allerdings diesmal nicht an der Wand an, sondern läßt sich über die Kante spülen, wie ein vom Sturm gebrochener Ast.

Mit einer kleinen Ausnahme können Fische nicht fliegen. Sie sind dafür nicht geboren, und fliegen sie durch die Luft, dann hängen sie normalerweise an einem Angelhaken oder zappeln im Netz. Jetzt fliegt Olaf. Zwei Meter tief und einen halben Meter weit, und alles in ihm, selbst die letzte Flossenspitze, schlägt Purzelbäume wild durcheinander. War die Rutschpartie auf dem Aalsteig ein Gefühl, als würde man beim Schaukeln den Himmel mit den Füßen berühren, so ist der Fall über das Wehr, als würde man in den Himmel fliegen und dort bleiben.

Olaf landet im Wirbel, wo er sich einige Zeit treiben lassen muß, um wieder zu sich zu kommen. Dann aber wird er hektisch, dann soll alles auf einmal geschehen. Wie kommt er zu seinen Freunden zurück, wie soll er ihnen dieses Erlebnis erklären, wie sie überreden, den gleichen Weg zu nehmen, vor allen Dingen, wie schnell könnte er selbst sich wieder über das Wehr stürzen? Glücklicherweise hat er richtig überlegt, der Wirbel neben dem Aalsteig und das Wehrtor hängen direkt zusammen. Nach nur kurzer Suche findet er den Steig, auf dem er sofort nach oben kriecht. Die Möwe sitzt noch, wo sie vorher schon saß, und nun warten Olaf unterhalb, Otto und Monika oberhalb der Möwe darauf, daß diese endlich verschwindet.

Nur einen winzigen Moment ist der bei den Möwen so beliebte Futterplatz nicht besetzt. Eine große, weißbraune Möwe kommt geflogen und verdrängt die wartende. Genau der kurze Moment eines Streits zwischen den Möwen genügt Olaf. Blitzschnell schummelt er sich an den Streithähnen vorbei. Diese sehen aus den Augenwinkeln seine Schwanzspitze über das Holzbrett gleiten und versuchen, ihn zu fangen, aber beide picken ein Stück Reisig, wo eben noch Olaf zu sehen war.

In seiner Begeisterung für den Ritt über das Wehr bestürmt Olaf seine Freunde, über das Wasser zu fliegen. Ihm fehlen die Worte, um den Sprung über das Wehr richtig anpreisen zu können, ihm stockt das Wasser in den Kiemen, als er den Flug durch die Luft beschreiben will. Er hofft, Otto und Monika einfach mitzureißen. Zweifelnd halten die beiden sich zurück, vor allem Monika, die sich verändert hat. Sie ist ruhiger geworden, bedacht darauf, immer genug zu fressen zu bekommen und ausreichend Ruhe, dieses auch zu verdauen. So ein Sturz ins Ungewisse entspricht nicht mehr ihren Wünschen. Einzig die Aussicht auf Futter, kleine appetitliche Fische, mit denen sie ihren gewachsenen Magen endlich füllen könnte, stimmt sie langsam um. Otto ist vorsichtiger geworden. Nicht ruhig oder gar ängstlich, auch wenn Olaf das glaubt. Otto hat immer mehr gelernt zu sehen, was alles passieren könnte. Deswegen stürzt er sich nicht mehr blindlings in jedes Abenteuer, wie er das früher getan hat.

Olaf gibt in seinem Drängen nicht nach. Er läßt auch keinen Zweifel daran aufkommen, welchen Weg er nehmen wird. Lieber würde er mit seinen Freunden, notfalls aber auch ohne sie über das Wehr schwimmen. Er bestürmt die beiden so lange, daß sie schließlich einwilligen müssen. Monika, weil ihr Hunger den Abflug der Möwe nicht mehr erwarten will, und Otto, weil Olaf den Weg schon probiert hat, da will er seinem Freund zuliebe mitfliegen. Am frühen Abend, die untergehende Sonne taucht die wartende Möwe in ein goldenes Licht, treiben drei Aale auf das Wehr, in banger und in freudiger Erwartung kommenden Geschehens.

Breit und schwer fällt das Wasser über das Wehrtor, fröhlich spritzen Tropfen in alle Richtungen und fast geheimnisvoll bläst der Wind Gischt auf, einen großen Wasserstaubnebel, in den die Sonne einen Regenbogen malt. Von diesem Regenbogen sehen die Aale nichts. Olaf ist der einzige, der nicht ängstlich das Ende des Sturzes erwartet, wenn der seinen Kopf aus dem Wasser strecken würde, dann könnte er den Regenbogen sehen, aber Olaf ist mit seinem Flug beschäftigt. Er versucht noch, im Schwall nach oben zu schwimmen, um den Fall zu verlängern, aber mit den anderen zusammen landet er im Strudel. Monika und Otto wissen nach der Landung, daß so ein Flug Spaß machen kann, den nächsten werden sie genießen, jetzt aber sind sie froh, gelandet zu sein.

Wieder zu sich gekommen, dem Strudelwasser entronnen, schwimmen die drei in den See, in dem sie vor langer Zeit den Hecht bei der Jagd beobachtet haben. Otto warnt seine Freunde, sie sollten sich vom Schilf fernhalten, dort lauere der Hecht garantiert noch, dann beginnen sie, ihren neugewonnenen Lebensraum zu untersuchen. Monika untersucht nicht lange. Bald hat sie einen Platz gefunden, der kleinen Fischchen als Kinderstube dient. Ein Hecht könnte dort nicht jagen, zu eng und verwinkelt stehen die

Wasserpflanzen, für einen Aal ist dieses Revier ideal. Monika ißt sich erst einmal satt.

Otto, der sich schnell eine Mahlzeit gegönnt hat, beginnt den See zu erforschen. Wie Olaf sucht er schöne Plätze, sichere Höhlen und genug Futter für drei heranwachsende Aale. Insgeheim aber, ohne daß die beiden sich abgesprochen hätten, suchen sie auch den Ausgang des Sees, seinen Abfluß ins Meer. Jeder für sich schwimmen sie durch den See, und als sie den Ausfluß finden, treffen sie auch wieder aufeinander. Zuerst verdutzt starren sie sich an, dann fangen beide an zu grinsen, ein breites Grinsen, von Kieme zu Kieme, jetzt wollen sie ins Meer.

Monika ist natürlich wenig begeistert. Gerade hat sie ihr Jagdrevier erkundet, sie hat den Bauch voll köstlicher kleiner Rotfedern, und sie weiß, daß sie noch lange bleiben könnte, da kommen ihre Freunde und erinnern sie an ihren Teil das Versprechens. Ins Meer zurück soll sie schwimmen, in die salzige Brühe, der sie doch erst entronnen ist. In die Wellen zurück, wo doch hier alles ruhig ist und keine Strömung sie beim Fischfang stört. Nur widerstrebend läßt sie sich erinnern, ein paar Tage will sie noch bleiben, sich auf die Reise vorbereiten, dann wird sie mitkommen. Es ist kein Zuhause, das sie verläßt, keine liebgewordene Wohnung, sie läßt keine Freunde zurück, die nimmt sie ja mit, Monika will nur noch etwas Zeit an einem Ort verbringen, wo sie Fische fangen kann und sich ausruhen. Ihre Freunde wissen das, und weil sie sich lieben, warten sie gerne auf Monika. Deswegen schwimmt auch Monika mit ihnen.

Schwimmende Würmer

Otto und Olaf wissen nicht, warum sie ins Meer zurück schwimmen wollen, warum sie auch in diesem schönen Jahr im Teich immer einen leichten Mangel verspürt haben. Das ist kein Wunder, denn das weiß auch kein menschlicher Wissenschaftler. Da helfen weder Brille noch Doktortitel, auch der intelligenteste von ihnen kann nur sagen, daß Aalmännchen lieber im Meer schwimmen, aber nicht, warum. Genausowenig weiß jemand, warum die Weibchen, ob sie nun direkt aus dem Golfstrom kommen, oder schon älter sind, lieber im süßen Wasser der Seen und Bäche leben. In Monika ist der Drang zu bleiben stark, ihre Freundschaft aber ist stärker. Überall wo sie rasten, möchte sie am liebsten bleiben. Die ins Wasser ragenden Wurzeln umgestürzter Bäume bieten ihr beste Verstecke, die im Schilf spielenden Jungfische köstliche, leicht zu jagende Beute, ausreichend für ein ganzes Rudel Aale. An vielen Stellen ist es sehr schön. Nur ist da das Versprechen und die Gewißheit, daß ihre Freunde ins Meer ziehen, und kein Platz in der ganzen Welt könnte so schön für sie sein, daß sie ihre Freunde dafür verlassen würde.

Das Wehr in Geesthacht, diese riesigen Tore, die den ganzen Fluß aufstauen, ist die letzte Trennung, die letzte Grenze in Richtung Meer. Auch unterhalb des Wehres ist die Elbe noch ein Fluß, sie schmeckt nicht salzig und kein Hering läßt sich hier blicken, aber Ebbe und Flut, dieses ewige Auf und Ab des Meeres, dringen bis hierher vor. Im Meeresrhythmus steigt und fällt der Wasserspiegel, die Laune von Olaf und

Otto steigt nur. Schon der Spaß im Wehr hat sie beflügelt, als sie aber die Gezeiten spüren, kennt ihr Jubel keine Grenzen. Sie versuchen noch, Rücksicht auf Monika zu nehmen, dann werden sie von ihre Freude überwältigt. Monika bleibt nichts übrig, als sich an dieser Freude zu freuen. Das tut sie aufrichtig und ohne Groll.

Nach dem Wehr bekommt die Wanderung ins Meer einen neuen Rhythmus. Bei Flut, solange das Wasser aufläuft, wenn es nicht mehr flußabwärts fließt, bleiben die Aale meistens, wo sie gerade sind. Diese Zeit nutzen sie, um sich Nahrung zu suchen oder einfach nur auszuruhen. Bei Ebbe, wenn die Elbe um so schneller strömt, lassen sich die drei treiben, so kommen sie kraftsparend und schnell voran. Dabei nutzen sie nicht jede Ebbe aus. Der ungeheure Appetit, der Monika schon aus dem Teich getrieben hat, zwingt sie häufig lange zu jagen, was ihre Wanderung verzögert. Es ist schwerer einen Fisch zu fangen, als einen Wurm zu suchen. Monika ist bereits doppelt so lang wie ihre Freunde, sie hat um so mehr Hunger, und so dauert es immer länger, bis sie endlich satt ist. Glücklicherweise hat es keiner der drei mehr eilig, denn drohend wie der Hecht im Schilf erwartet sie der Hamburger Hafen. Auch wenn sie sich an sonst nichts erinnern können, den Hafen haben sie alle noch in genauer Erinnerung. Sehr genau weiß Olaf, wie er nichts mehr wollte, als nur noch zu sterben, Otto erinnert sich, daß er die Würmer, die er heute einfach einsammelt, damals jagen und verfolgen mußte, und Monika schaudert nur. Sie hat damals ihre besten Freunde verloren und beinahe nicht wiedergefunden. Stillschweigend halten

84

sie kurz vor dem Hafen, um sich noch einmal richtig auszuruhen. Sie wollen ordentlich Kraft tanken, bevor sie das letzte Hindernis auf dem Weg ins Meer überwinden.

In dieser Ruhezeit, die besonders Monika genießt, sieht Olaf einen Wurm im Wasser treiben, der sich nur noch matt bewegt. Olaf hat einen solchen Wurm noch nie gesehen. Er ist dicker als die ihm bekannten, auch farbloser und riecht so viel besser, daß ihm schon das Wasser im Mund zusammenläuft. Schnell späht er nach Gefahr, etwa von Hecht oder Zander, zögert dann aber nicht lange, sondern schnappt sich den Wurm, der ihm für die ganze Nacht genügen soll. Gierig schlingt Olaf, da entwickelt der Wurm plötzlich ungeahnte Kräfte. Zuerst sticht er in Olafs Lippe, dann flieht er mit ungeheurer Kraft. Olaf zieht er einfach mit sich. Dieser kann sich bemühen, wie er nur will, er mobilisiert seine letzten Kräfte, der Wurm ist stärker. Er versucht noch nach Otto und Monika zu rufen, da fliegt der Wurm aus dem Wasser und niemand kann ihn mehr hören.

Es ist ein Angelhaken, an dem Olaf hängt, es ist ein Angler, der ihn gefangen hat und nun enttäuscht das Fischchen betrachtet. Olaf ist so stolz auf seine Größe. Monika ist zwar viel größer, aber sie ist ja schließlich auch eine Frau. Für einen Mann ist Olaf groß und stark, und nun blickt der Angler traurig auf das, was seine Freunde einen Zahnstocher nennen. Mehr als eine Stunde hat er auf seinen ersten Fang gewartet, und nun das. Olaf bemerkt davon nichts. Mit einem Ruck ist er aus dem Wasser geschleudert worden, schmerzhaft hing er allein an seiner Lippe und knallte dann auf den Sandstrand, wo er jetzt noch regungslos liegt. Er versucht zu begreifen, was mit ihm geschehen ist, wo das Wasser geblieben ist und was der Schmerz in seiner Lippe zu bedeuten hat. Natürlich findet er keine Antwort. Er hat auch nicht viel Zeit dafür, denn schon kommt der Angler ihm nahe, ein riesiger schwarzer Schatten.

Panik erfaßt Olaf. Wild beginnt er sich zu winden und sich in den Sand einzugraben. Er versucht das nahe Wasser zu erreichen, dessen Geruch ihn lieblich in der Nase krault, aber die große Hand ist stärker als er. Spielend umfaßt sie ihn, Kopf und Hals stecken zwischen den Fingern fest, die ihn so stark quetschen, daß jede Bewegung erstirbt.

So mancher Aal endet auf diese Weise. Auch dieser Angler wollte Aale fangen, um sie anschließend in einer kleinen Tonne zu räuchern. Olafs Glück ist, daß der Angler ihn nicht etwa für groß, sondern für viel zu klein hält. Der sei kaum groß genug, einen hohlen Zahn zu füllen, murmelt der Angler vor sich hin, als er Olaf vom Haken nimmt. Olaf spürt erneut den Schmerz in seiner Lippe, als der Widerhaken ein Stück Haut zerreißt, er spürt den Wind, als er durch die Luft fliegt, und er spürt eine riesige Erleichterung, als er im Wasser landet, wo er schwimmen kann, ohne daß ihn jemand an der Lippe zieht. Blitzschnell taucht er auf den Grund und in die nächste Höhle, die er findet. Zwei Nächte und zwei Tage bewegt er sich nicht von der Stelle.

Weder Otto noch Monika haben Olafs Verschwinden gesehen. Da er häufig auf Entdeckungsreise ist, stundenlang ohne Nachricht zu geben, fällt ihnen seine Abwesenheit zunächst nicht weiter auf. Als Monika endlich bemerkt, daß er weg ist, wartet sie also auch ruhig, er wird schon zurückkommen. Erst am Morgen, als sie sich mit Otto in ihrem Versteck trifft, um dort den Tag abzuwarten, und Olaf nicht dazukommt, werden sie stutzig. Olaf hat immer Bescheid gesagt, wenn er länger wegbleiben wollte, noch nie ist er einfach verschwunden.

Anders als bei Menschen kommt es bei Aalen durchaus vor, daß sie einfach verschwinden. Auf Nimmerwiedersehen, ohne eine Spur zu hinterlassen. Otto und Monika wissen das. Sie haben den Hecht schon gesehen, Zander und Flußbarsch, sie haben Kormorane gesehen und vor nicht allzulanger Zeit Möwen auf Aaljagd. Aus diesem Grund haben Aale und andere Fische auch kein sehr gutes Gedächtnis. Sie können sich nicht sehr lange an verschwundene Freunde erinnern, sonst müßten sie auch ihr ganzes Leben in Trauer verbringen. Von den fünfzigtausend Aalen, die einem Gelege entschlüpfen, leben nur zwei oder drei lang genug, um nach den Jahren in Europa in der Sargasso-See wieder Eier abzulegen. Wenn sich jeder Aal an alle seine Geschwister erinnern würde, noch dazu an seine Freunde und Bekannte, dann hätte er ein schreckliches Leben. Ständig in Trauer und der Furcht, bald könnte der nächste Bruder, die nächste Freundin fehlen. Vielleicht würden sie deswegen sogar aufhören Freundschaften zu schließen, und das wäre wirklich schrecklich.

Otto, Olaf und Monika verbindet eine ganz besondere Freundschaft, wie sie unter Aalen sehr, sehr selten ist und auch unter Menschen nicht eben häufig. Sie lieben sich so sehr, daß sie sich nie vergessen würden, wie lange sie auch voneinander getrennt sind. Und so bangen die beiden den ganzen Tag um Olaf, bei jeder

Bewegung schrecken sie auf und erhoffen sein spöttisches Grinsen mit einer tollen Geschichte. Olaf kommt nicht. Als es wieder Nacht wird, machen sie sich auf die Suche. In immer größeren Kreisen schwimmen sei um ihr Versteck, sobald sie die Schwanzspitze eines Aals auch nur sehen, rasen sie auf sie zu; Ihre Suche ist erfolglos. Sie machen kaum einmal Pause, um etwas Futter zu suchen, sie essen, was sie zufällig finden, sie suchen Olaf. Die Suche ist vergeblich, es wird wieder Tag, und sie haben Olaf nicht gefunden.

Bei jedem anderen Aal wäre Olaf spätestens jetzt vergessen, nicht so bei Otto und Monika. Der Schmerz über den Verlust ihres Freundes beginnt zu wachsen, aber noch haben sie Hoffnung. Das Gebiet in dem sie suchen wird größer, ihre Suche wird schneller, und ihre Blicke länger, wenn sie auf einen Raubfisch stoßen, der Olaf gefressen haben könnte. Wie aus einer Sanduhr rieselt die Hoffnung aus ihnen heraus, und wie in eine Sanduhr rieselt der Schmerz in sie hinein.

Aale haben nicht nur kein gutes Gedächtnis für verlorene Freunde, sie spüren auch den Verlust nicht so stark. Nicht einmal wenn sie beobachten müssen, wie ein Hecht oder eine Möwe einen Aal fangen, sind sie rettungslos traurig. Monika und Otto sind anders. Nach zwei Nächten Suche drücken sie sich still in ihr Versteck. Sie finden etwas Trost in ihrer Umschlingung, in der Berührung des anderen, und von Zeit zu Zeit preßt sich einer mit aller Kraft an, als wollte er sichergehen, nicht allein in der Welt zu sein. Diese große Trauer, die ihnen den Appetit raubt und ihre Lebenslust, die auf ihren Kopf drückt wie ein extra großer Mühlstein, explodiert in ein Feuerwerk, als Olaf zurückkehrt. Niemand, der nicht vorher getrauert hat wie Otto und Monika, kann sich über das Erscheinen des Freundes so freuen, daß der Zander zittert. Innerhalb weniger Minuten hat ihr Freudentanz so viel Schlamm aufgewirbelt, wie ein Schaufelbagger bei der Arbeit. Und Olaf, dem sein Abenteuer schwer im Magen liegt, wird von dieser Freude angesteckt. Er tanzt sich den Angelhaken aus der Erinnerung.

Drei Aale merken sich ein Versprechen

Im Leben eines Aals gibt es viele aufregende Nächte, nach denen er sich eigentlich erholen müßte. Da ein Aal sich dann aber hauptsächlich aufregen und dann von der Aufregung erholen würde, würde er kaum noch essen können und wahrscheinlich verhungern. Ein Aal kann sich also nicht nach jeder Aufregung erholen. An einem Angelhaken aber hängt ein Aal nur sehr selten, wenn auch häufiger, als ein Mensch sich das vorstellt, ein bißchen Erholung hat Olaf nötig. Am nächsten Abend schwimmt er nicht weit weg. Er sammelt nur ein paar seiner Lieblingswürmer und freut sich, wieder in der Nähe seiner Freunde zu sein. Monika dagegen hat zwei Nächte lang gehungert, jedenfalls für ihre Verhältnisse, sie stürzt sich mit um so größerem Eifer in die Jagd. Sie schlägt sich den Bauch voll, bis sie nicht mehr schnell genug schwimmen kann, um noch einen Fisch zu erwischen. Da kommt sie zurück zu Olaf, liegt ruhig neben ihm und verdaut. Auch Otto, dem noch ein kleines Stückchen eines besonders langen Wurms aus dem Mundwinkel hängt, legt sich neben sie.

Die Todesangst ist vorüber, die Lippe schmerzt nicht mehr und er hat seine Freunde wieder: Olaf kann jetzt erzählen, was er erlebt hat. Vor allem kann er vor schwimmenden Würmern warnen, die plötzlich ungeahnte Kräfte entwickeln und durch die Luft fliegen können. Die einem Aal glatt die Lippe durchstechen. Für das Geschehen am Ufer fehlen ihm die Worte. Alle drei sind schon aus dem Wasser gekrochen, aber was ihn zerquetscht hat, was ihm den schon sicher gefangenen Wurm aus dem Maul gerissen hat, das weiß Olaf nicht. Es gibt auch keinen Vergleich für das, was ihm geschehen ist, für seine Gefühle und Ängste dabei. Wie schrecklich das Erlebnis war, das können seine Freunde ihm deutlich ansehen. Zum Schluß versprechen sich alle drei, niemals mehr schwimmende Würmer zu probieren.

Dieses Versprechen hört sich ganz einfach an, jeder kann verstehen, warum sie sich das versprochen haben, und doch ist es ein ganz besonderes Versprechen. Nur Aale, die sich sehr gut kennen, die wirklich Freunde für ihr ganzes Leben sind, können sich Erlebnisse erzählen, wie Olaf es konnte. Und aus solchen Erlebnissen solche Versprechen machen. Wie sonst sollte ein Angler noch Aale fangen, wenn sich alle Aale vor den Ködern warnen könnten. Es müssen gute Freunde sein, und es müssen mindestens drei gute Freunde sein, damit sie begreifen können, wie der schwimmende Wurm mit dem Flug durch die Luft zusammenhängt, und daß es tatsächlich hilft, diese Würmer nicht zu essen. Und nur mindestens drei können sich das Versprechen auch merken. Ein Aal alleine vergißt alles. Zwei Aale können sich ein Versprechen fast eine Woche lang merken, erst drei Aale können sich gegenseitig immer wieder erinnern. Hätte Olaf seine Freunde nicht, würde er kaum begreifen, was mit ihm geschehen ist, und nach kurzer Zeit würde er vielleicht wieder einen Köder schlucken, dann doch seinen letzten.

Vor dem Hamburger Hafen zögern die drei, wie sie nach dem Wurm gezögert haben. Als sie die erste Werft nur aus der Ferne lärmen hören, ziehen sie sich ans sichere Ufer zurück, verstecken sich zwischen Wurzeln und warten. Sie essen sich noch einmal satt, und nach dem Verdauungsschlaf noch einmal. Sie besprechen den schwimmenden Wurm zum vierten Mal und erholen sich auch zum vierten Mal davon. Erst als Monika sich einzurichten beginnt, als sie störende Steinchen aus der Höhle trägt und nach der Jagd mit sattem Grinsen darin liegt und zufrieden die Welt beobachtet, da erst werden Olaf und Otto energisch. Sie drängen zum Aufbruch. Der Hafen war zwar schrecklich, aber nicht so, daß sie deswegen bleiben müßten. Als dann noch eine Springflut, so heißt die Flut bei Vollmond und bei Neumond, die mehr Wasser bringt als eine normale Flut, Meerwasser durch den Hafen bis in ihre Nasen bringt, ist es soweit. Der Vollmond versteckt sich halb hinter Wolken und macht die Nacht so ein bißchen schummrig, wie Aale es sehr gern haben. Mit ihren guten Augen und ihrer noch viel besseren Nase finden sie sich auch im Stockdunkel zurecht, und so schwimmen Otto, Olaf und Monika in dieser Nacht mit vielen anderen Aalen.

Gegen die drei Winzlinge, die sich vor zwei Jahren stromaufwärts gequält haben, sind Otto und Olaf jetzt groß, Monika fast schon riesig. Ein großer Fisch schwimmt schneller als ein kleiner, ein großes Ohr quält sich nicht so leicht wie ein kleines, eine große Nase kann sich viel besser an Gestank gewöhnen, und mit der Strömung kann jeder schneller schwimmen, als gegen sie. Nach den sechs Stunden, die eine Ebbe dauert und die das Wasser ins Meer fließt, haben sie schon ein fünftel ihres Weges geschafft. Sobald sie an der Gegenströmung spüren, daß die Flut eingesetzt hat, suchen sie sich ein Plätzchen, an dem sie sechs Stunden ruhen. Mit den nächsten Tiden, so heißen Ebbe und Flut zusammen, schwimmen sie mitten in den Hafen, zwischen die Landungsbrücken und Blohm und Voss, wo der Lärm am stärksten ist. Aber sogar hier können sie bleiben, ohne sich verzweifelt im Schlamm verkriechen zu müssen. Jeder Hammerschlag und jeder Rammstoß sagen ihnen nur, wie leise und angenehm es im Meer werden wird. Jedes Schiff, dessen Motor und Schraube den Elbgrund vibrieren läßt, sagt ihnen, wer im Hafen lärmt, kann nicht im Meer sein. Sie wollen die Flut abwarten, und das tun sie in Vorfreude auf das ruhige Meer.

Es ist Olaf, man könnte fragen, wer sonst, der die Menschenmassen auf den Landungsbrücken entdeckt. Daß Schiffe ihm nicht gefährlich werden können, weiß er instinktiv, und so schlängelt er sich um den großen, hölzernen Dalben nach oben, um seine Neugier zu befriedigen. Wo kommt das unablässige Gepoche her, die feinen Erschütterungen? Welches Wesen könnte solchen Krach mit seinen

Flossen erzeugen? Welcher Vogel könnte so schwer sein? Olaf sucht eine Antwort, nicht aber die, die er dann findet. Ohne zu wissen, daß es Menschen sind, sieht er das Gewimmel, sein Körper schmiegt sich hart wie ein Stück Holz um den Dalben. Schreckensstarr beobachtet er die fröhlichen Menschen. Sein inneres Auge zeigt ihm einen von diesen Menschen mit einem langen Stock in der Hand. Wieder fühlt er sich durch die Luft fliegen, fühlt die Sandkörner in seine Haut stechen. Als könnte er erst jetzt, da er Menschen ungefährdet aus der Entfernung sieht, begreifen, was damals mit ihm geschah. Er sieht den Angler auf sich zukommen. Die riesige Hand greift nach ihm, und schon ist er umschlungen, rettungslos eingequetscht. Rauher Sand verhindert jedes Durchschlüpfen, die Augen eines Monsters nähern sich ihm, eines Monsters, das einen betäubenden Geruch ausströmt. Der Wellenschlag eines Schiffes reibt ihn an den Dalben und zeigt ihm, daß er nicht am Angelhaken hängt. Olaf kann seine Erinnerung noch nicht verlassen. Die Hand des Riesen hält ihn fest. Olaf sieht jetzt nur freundlich winkende, zärtlich streichelnde Hände auf den Landungsbrücken, kein Mensch zeigt die Brutalität, die er damals erleben mußte. Der nächste Wellenschlag, der ihn an den Dalben drückt ist weniger als der Flossenschlag einer frisch geschlüpften Rotfeder gegen den Druck der Hand auf seine Kiemen. Alles Blut entweicht ihm, und jetzt noch zieht ein Gefühl von Sterben durch sein Rückgrat, umfaßt und lähmt jeden einzelnen Wirbel.
Olaf versteht nicht, wie er wieder im Wasser landen konnte. Was er fangen und festhalten kann, das frißt

er auch. Noch nie hat er etwas zwischen den Zähnen gehalten, wie er gehalten worden ist, und es dann schwimmen lassen. Hecht und Zander, Kormoran und Möwe können Pech bei der Jagd haben, erfolglos tauchen, aber eine einmal gefaßte Beute ist verloren. Wieso lebt er noch? Sollte es Wesen geben, die nicht ständig auf Nahrungssuche sind? Aber warum war er dann überhaupt gefangen worden? Noch genauer versucht er, die zweibeinigen, flügellosen Wesen zu betrachten. Wellen und Wasserspiegelungen zerschneiden jede klare Sicht, etwa so, als würde man durch eine völlig zersplitterte Glasscheibe stieren. Trotzdem sieht Olaf Menschen essen. Manche halten lange Stangen, die sie nicht etwa im ganzen herunterwürgen, sondern von denen sie Stücke abbeißen. Olafs Schrecken ist wieder da, bis er bemerkt, daß die Stangen sich nicht bewegen, also keine Aale sein können. Manche versuchen, den Kopf in den Nacken gestreckt, armdicke, braune Gegenstände in den Schlund zu stecken, scheitern aber immer wieder, wie ein Kormoran, der einen Lachs eben noch festhalten, nicht aber schlucken kann.

Und dann entdeckt er die langen Stangen, die verhexten langen Stangen, die an seiner Lippe gerissen und ihn aus dem Wasser geschleudert haben. Ganz ruhig stehen sie da, schräg in den Himmel gestreckt. Harmlos sehen sie aus, wie die Menschen, die dahinter sitzen. Dieser Schrecken, so groß er auch ist, lähmt Olaf nicht. Seine beiden Freunde sind in Gefahr. Er taucht schnell ins tiefe Wasser, aufgeregt, man kann sein kleines Herz schlagen sehen, sucht er Otto und Monika, um sie vor schwimmenden

Würmern zu warnen. Um mit ihnen aus dem Hafen zu fliehen, denn vielleicht sind schwimmende Würmer nicht das einzige Mittel dieser langen Stangen.

Es ist noch Flut, auflaufendes Wasser, und trotzdem folgen Monika und Otto widerstandslos, als Olaf sie aufschreckt. So aufgeregt und zitternd drängt er zum Aufbruch, daß sie ihn nicht einmal nach einem Grund fragen, seine Angst ist ihnen Grund genug. Sie verschwinden aus dem Hafen und kehren niemals wieder.

Das Watt ruft

In der Unterelbe ziehen die Aale nur noch langsam weiter. Monika klammert sich an das Fließende, an das süße Wasser und verzögert so ihre Wanderung. Olaf und Otto werden schon durch die Gezeiten besänftigt, der leichte Salzgehalt des Wassers schmeichelt ihrer Haut, und so drängen sie nicht mehr so stark. Auch bringt das Leben in der Unterelbe den ersehnten neuen Rhythmus in ihr Leben, den der Gezeiten, den von Ebbe und Flut. Nicht mehr nur Tag und Nacht zeigen an, wie die Zeit vergeht, das Wasser steigt und fällt und teilt das Leben der Aale dadurch ein. Alle zwölf Stunden kommt die Flut und bedeckt mit ihrem Wasser mehr Ufer. Wenn sie kommt, wandern die Fische an der Uferböschung nach oben, dem Wasser nach, in eine neue Pflanzenwelt. An den nur zeitweise überfluteten Stellen wächst Gras, dort wurzeln Bäume und Sträucher und es fehlen die typischen Wasserpflanzen, die an der Luft nicht stehen können.

Steigt die Flut einmal besonders hoch, dann haben die Aale häufig das Glück, einen ertrunkenen Regenwurm zu finden, für Olaf und Otto eine Delikatesse. Bei Ebbe müssen sich die Fische wieder in tieferes Wasser zurückziehen, wollen sie nicht auf einmal auf dem Trockenen liegen. Das Versteck für den Tag müssen die lichtscheuen Aale also tief genug suchen.

Mit dem neuen Leben sehen die Aale auch Fische wieder, an die sie sich kaum noch erinnern. Flundern, die nur Otto nicht vergessen konnte, Sardellen und Stinte, Schollen und Butt zeigen sich, aber immer noch jagen Hecht und Zander Aale, nur für den Flußbarsch sind die drei inzwischen zu groß. An die Massen Wollhandkrabben, die sich im Frühling fast wie eine Flutwelle flußaufwärts wälzen, können sich die Aale auch nicht erinnern. Trotzdem entdecken sie sehr schnell, daß die frisch gehäuteten, weichen Krabben wirklich sehr lecker schmecken. „Besser als Fisch", verkündet Monika und will fortan nichts anderes mehr essen.

Der Sommer kommt, und mit ihm das Ende der großen Krabbenwanderung. Erst werden es nur weniger, immer länger muß Monika suchen, bis sie endlich satt ist, dann kommen keine mehr. Die kleinen Krabben sind alle flußaufwärts gewandert, so wie Otto, Olaf und Monika zwei Jahre vorher, und dort werden sie bleiben, bis sie groß geworden sind. Die großen Krabben, die schon vor Jahren in die Flüsse und Teiche gewandert sind, kommen in Scharen zurück, um nun im Meer zu laichen. Aber diese Krabben sind zu groß, ihre Panzer sind zu hart und ihre Scheren zu kräftig. Bei dem Versuch sich eine zu fangen, verbiegt sich Monika nur den Unterkiefer und wird außerdem ernsthaft an der Brust verletzt, als sie nur einen Moment nicht achtgibt.

Ihre Laune sinkt auf einen Tiefpunkt. Jeder, der einmal eine längere Zeit nichts zu essen bekommen hat, wird das verstehen können; erst gibt es wochenlang nur Nachtisch, und dann plötzlich überhaupt nichts mehr. Als die Krabbe sie beißt, Monika blutet sogar, heult sie kurz auf, ein Geheul von Hunger und Schmerz, und versteckt sich tief im Schlamm. Zuerst kriecht sie unter eine Wurzel, dann räumt sie noch einen Stein zur Seite und gräbt sich so tief in den Schlamm, daß ihr Kopf kaum noch zu sehen ist. Hier will sie bleiben, sie weiß noch nicht wie lange. Hier träumt sie von ihren Teichen, in denen ihr keine Gefahr drohte, von den ersten Fischen, die sie sich gefangen hat. Hier träumt sie vom Fluß, und alles erscheint ihr schöner, als das Leben in der Flußmündung. Je tiefer der Schmerz in ihren Körper zieht, je wütender der Hunger ihren Magen zerfetzt, desto mehr sehnt sie sich nach diesen schönen Plätzen, die ihr jetzt wie das Paradies vorkommen. Sie beginnt schon zu bereuen, überhaupt flußabwärts gezogen zu sein, da stöbern ihre Freunde sie endlich auf.

Weder Olaf noch Otto haben Monikas Unfall mit der Krabbe bemerkt. Sehr wohl haben sie bemerkt, daß kaum noch Krabben zu finden sind, sie haben sogar Monikas Magen knurren hören, aber niemals haben sie geglaubt, daß Monika in ihrem Hunger eine ausgewachsene Wollhandkrabbe angreifen würde. Sie haben noch ein paar junge Krabben gefunden, die letzten des Jahres, jeder von ihnen hat zwei gegessen, und nun tragen sie noch eine im Maul, um sie ihrer Freundin zu schenken. Sie müssen Monika lange suchen, so gut hat diese sich versteckt. Aber Aale wissen, wo sich Aale gerne verstecken, und Freunde wissen, wo ihre Freunde sich gerne verstecken. Otto hatte die gute Idee, unter den Wurzeln zu suchen und Olaf die guten Augen, sie dort zu entdecken.

Halb besänftigt durch die zwei Krabben, die sie schneller herunterschlingt, als ein Barsch seine Stacheln aufstellen kann, beklagt sie sich doch bei ihren Freunden, daß ihr das Leben keinen Spaß mehr mache. Die Attacke der Wollhandkrabbe sei wie der letzte Eimer Wasser in einem Teich. Aus einem trockenen Teich müßte sie verschwinden, sie wolle hier auch nicht bleiben. Zurück, den Fluß hinauf, an Hamburg vorbei und noch viel weiter, dahin wolle sie schwimmen. Nicht mehr in einen so kleinen Teich, eher in einen See mit ausreichend Jungfischen, saftigen Würmern. Nur die Wunde müsse vorher noch verheilen, dann ginge es los.

Man muß einmal versuchen sich vorzustellen, was dieser Plan für Olaf und Otto bedeutet. Gerade beginnen sie sich an ihr erträumtes Leben zu gewöhnen, an Ebbe und Flut, an den leichten Salzgeschmack des Brackwassers, an Seefische und Wattwürmer, auch an die Wollhandkrabben, die im Frühling besonders lecker sind, da will ihre beste und einzige Freundin sie verlassen. Sie haben sich ein Versprechen gegeben, und Otto und Olaf haben es auch lange im Süßwasser ausgehalten, und nun das. Monika will zurück ins Süßwasser, Monika will sie verlassen.

Monika ist empört. Wie können die beiden so etwas auch nur denken. Niemals, in ihrem ganzen Leben nicht, würde sie Otto oder Olaf verlassen. Sie sollen ja mitkommen, alle beide. Und schon beginnt sie von den Seen zu schwärmen, dem Schlaraffenland für Aale, von der Leichtigkeit mit der sie dort Futter finden würden. Sie schwärmt von dem guten Wasser mit so viel Sauerstoff, daß sie nur einmal am Tag atmen müßten, bis Olaf sie bremst. Aufgeregt umschwimmt er die Wurzel, reibt sich an Otto, der ihm ja zustimmen soll und faßt sich endlich ein Herz: „Ich will aber das Meer sehen!" Trotzig stößt er den einen Satz aus und ist wieder still.

Der eine Satz soll alles ändern?

Was Olaf hätte sagen sollen? Er wollte von Anfang an im Meer bleiben, mit Otto und Monika. Weil Monika das nicht wollte, haben sie sich darauf geeinigt, zuerst im Fluß zu leben, dann aber im Meer. Sie haben viel Zeit im Süßwasser verbracht, alle drei, jetzt ist das Meer an der Reihe. Olaf ist mit Otto und Monika im Unterlauf der Elbe geblieben, um ihr den Abschied vom Fluß zu erleichtern. Sie wollten aber noch ins Meer. Sie haben sich auf etwas geeinigt, sie haben es sich sogar versprochen, nun soll Monika ihr Versprechen auch halten.

„Ich will aber das Meer sehen!" Der Satz klingelt in Monikas Ohren, der entschlossene Blick von Olaf erregt ihren Widerstand. Ihr eigener Blick wird weich, schmeichelnd, sie kommt so weit aus ihrem Versteck, daß ihre Wunde sichtbar wird.

„Aber es gibt nichts zu essen für mich. Hier nicht, im Meer würde ich wahrscheinlich hungern, und es ist sicher gefährlich dort, sieh nur meine Wunde. Im Fluß kennen wir uns doch aus."

Monika weiß, was sie versprochen hat, darum versucht sie zu bitten und zu betteln. Als aber auch noch Otto sie an ihr Versprechen erinnert, gibt sie nach. Ihre Wunde soll erst verheilen, und so lange wollen ihre Freunde auch gerne warten, dann aber wandern sie weiter ins Meer.

Trockengefallen

Endlich im Watt angekommen sind, fühlen sich alle drei wie Zuhause. Es ist auch die schönste Zeit in der Nordsee, das gilt für Aale wie für Menschen. Das Wasser ist noch warm - für Nordseeverhältnisse - und es gibt mehr zu fressen, als die drei je schaffen können. Zwar gibt es keine Wollhandkrabben, dafür aber Nordseekrabben in wahren Massen. Schon in der Elbe haben sie Geistergarnelen gegessen, ganz durchsichtige kleine Krabben, aber Geistergarnelen haben nicht nur keine Farbe, sondern auch keinen Geschmack. Die Nordseekrabben dagegen schmecken sogar noch besser als frisch gehäutete Wollhandkrabben. Wochenlang essen die drei nichts anderes, probieren es nicht einmal. Da sind Aale wie Menschen, von denen auch manche Krabben essen, so lange sie welche bekommen.

Dazu kommt der beruhigende, immergleiche Rhythmus der Tide, in dem sie durch das Watt gespült werden. Wenn sie faul sind, lassen sie sich einfach in einen Priel sinken, in denen Ebbe und Flut gewaltige Strömungen erzeugen, und warten, bis sie am gewünschten Ort angelangt sind. Ein Priel ist eine Art Rolltreppe für Aale, die sie zum Spielen benutzen, oder aus Bequemlichkeit. Und es gibt noch etwas im Watt, das alle drei gleichermaßen begeistert: Der Boden ist überall schwarz und schlammig. Sie lieben es, sich in diesen Schlamm einzuwühlen, darin können sie sich tagsüber verstecken, und niemand kann ihre dunkle, fast schwarze Haut vom Boden unterscheiden. Und der Schlamm lebt! Wer von einem Schiff aus auf das Watt sieht, kann das nicht bemerken, wer eine Wattwanderung in Gummistiefel mitmacht, wird das auch nicht sehen, aber ein Aal kann das nicht übersehen, vor allem aber riecht er es. Da wimmelt es von sehr kleinen Krebsen, so klein, daß auch Aale sie nicht sehen, sondern nur riechen können. Größere Krebse gibt es natürlich auch. Nordseekrabben wühlen sich durch den Schlick und wahre Massen von Würmern graben Gang um Gang, als wollten sie den Boden aushöhlen. Wasserflöhe hüpfen und kleine Fische liegen halb eingegraben am Grund und warten darauf, einen Floh fangen zu können. Dazu gibt es noch viele Plattfische, die alle gut getarnt auf dem Boden liegen, so wie die Flunder Karl, die Otto vor Helgoland gesehen hat. Inzwischen sind die Aale aber so groß, daß sie vor einer Flunder keine Angst mehr haben müssen. Zwar gibt es auch riesige Plattfische, ein Heilbutt kann bis zu vier Meter lang werden, aber die leben nicht im Watt.

Otto und Olaf sind glücklich. Sie haben nicht gewußt, wie es ist im Watt zu leben, aber jetzt fühlen sie sich, als wären sie hier geboren. Sie sind es auch, die in immer weiteren Kreisen ihre neue Heimat zu erkunden suchen. Längst schwimmen sie aus ihrem Priel heraus, um das Ufer einer nahe gelegenen Insel untersuchen zu können. Wie schon in der Elbe ist

Monika weniger entdeckungsfreudig. Sie beschränkt sich auf essen und schlafen, nur widerwillig läßt sie sich auf Expeditionen ein, die Otto und Olaf oft allein unternehmen.

Auf einer dieser Touren, Otto und Olaf sind wieder einmal allein unterwegs, finden sich die beiden plötzlich in einer flachen Pfütze wieder. Eine besonders hohe Flut hat das Wasser bis an den Deich getrieben, und Olaf und Otto verleitet, den so neu gewonnenen Meeresgrund zu erforschen. Es ist auch spannend für die beiden, sich durch die überfluteten Salzwiesen zu schlängeln und am Gras zu knabbern. Vor allem aber die Würmer einzusammeln, die sich zu weit vor den Deich gewagt haben und nun ertrinken.

Eine sehr ergiebige Stelle verlangt ihre volle Aufmerksamkeit. Sie sind dem Wasser bis an den Deich gefolgt, wo die größten Würmer kurz vor ihrer Rettung stehen. Hier fallen Olaf und Otto über sie her, als gäbe es keine Nordseekrabben, keine Wattwürmer und keine Stichlinge zu essen. Erst als ihr Bauch so voll ist, daß sie sich nur noch in den Schlamm wühlen wollen, lassen sie von den Würmern ab. Der Untergrund hier besteht aus Gras, sie können sich also nicht einfach einwühlen, aber sie wollen Monika ja auch noch von ihrem Festschmaus erzählen. Als sie zu ihr schwimmen wollen, bemerken sie, daß sie in einer Pfütze liegen. Das Wasser steht noch zwei Meter in jede Richtung, danach beginnt die Wiese. Das ist ein schöner Schreck für die beiden, vor allem, da das restliche Wasser langsam versickert. Bald werden sie auf dem Trockenen liegen, ohne jeden Schutz gegen räuberische Möwen, die sich einen solchen

Leckerbissen sicher nicht entgehen lassen werden. Noch ist es stockfinster. Der Mond scheint nicht, und die Sterne sind hinter einer Wolkenschicht verborgen, aber wenn es Tag wird, sind die beiden verloren.

Otto und Olaf haben das bei Flut getan, was Menschen während der Ebbe nicht tun sollen: Sie haben sich zu weit vorgewagt und sind dadurch in Gefahr geraten. Ein Mensch, der sich bei Ebbe weit in das Watt wagt, kann von der Flut überrascht werden. Ohne daß er es bemerkt, fließt die Flut hinter seinem Rücken durch die Priele, und plötzlich steht er mitten im Wasser. Wenn er nicht gerettet wird, wird er dort ertrinken. Olaf und Otto haben sich bei Flut zu weit gewagt. Hinter ihrem Rücken ist das Wasser durch die Priele abgeflossen, und nun liegen sie auf dem Trockenen.

Noch versuchen sie, sich an der tiefsten Stelle der Pfütze zusammenzukringeln, aber bald gelingt ihnen das nicht mehr. So sehr sie sich auch drehen und wenden, immer ragt ein Stück von ihnen aus dem Wasser und zeigt die Nutzlosigkeit ihres Versuchs. Es sind noch viele Stunden bis zur nächsten Flut, sie können darauf nicht warten, und so entschließt sich Olaf, durch das Gras zu kriechen. Otto folgt ihm.

Es ist für beide ein furchtbares Gefühl, nicht mehr durch die Kiemen atmen zu können, aber schon durch ihre Haut nehmen sie genügend Sauerstoff auf. Und so japsen sie mehr aus Gewohnheit als aus wirklicher Not nach Wasser, während sie sich dem Meer entgegenschlängeln.

Ihre feine Nase leitet sie, das feuchte Gras bildet einen idealen Grund, schlechter als Wasser, aber viel besser als trockener Beton, nach einer halben Stunde ist ihr

Abenteuer zu Ende. Zurück in ihrem Priel legen sie sich zu Monika, verdauen ihre Würmer und erzählen von ihrem Erlebnis.

Keiner der beiden ahnt, daß solche Erzählungen Monikas Abneigung gegen das Watt verstärken. Sie wissen noch nicht einmal von dieser Abneigung und können sie sich auch nicht vorstellen, so wohl fühlen sie sich selbst. Monikas Stimmung aber ist nach dem anfänglichen Krabbenhoch stetig gesunken. Erst waren diese Krabben das Beste der Welt, aber mit der Gewöhnung, nach der tausendsten Krabbe nicht mehr. Und als die Krabben schlechter schmeckten, als sie auch noch kleiner wurden und nicht mehr so zahlreich, fielen ihr immer mehr Nachteile ihrer neuen Heimat auf. Zwar hat sie neue Nahrung gefunden, sie bevorzugt jetzt den sehr leckeren Stichling, der wegen seiner stachligen Flossen nur schwer zu fangen und zu essen ist, aber was ist ein gutes Essen gegen das ständige Auf und Ab der Gezeiten? Was Otto und Olaf begeistert, was ihrem Leben einen schönen Rhythmus verleiht, das stört Monika ungeheuer, sie kann es kaum aushalten. Alle sechs Stunden spätestens muß sie wieder umziehen, weil das Wasser wieder weg ist, oder es zuviel davon gibt. Nie hat sie ihre Ruhe, und die braucht sie nun einmal. Es war ein Versprechen, im Meer zu leben, und sie will das Versprechen gerne halten, aber im Watt trockenzufallen ist für Monika eine Schreckensvorstellung, niemals ein spannendes Abenteuer.

Reden im Schlaf

Es ist Herbst geworden im Watt. Viele Fische ziehen sich in tieferes Wasser zurück, die Krabben graben sich sehr tief ein. Das Wasser wird kälter und der Wind, der an der Nordsee immer bläst, wird stärker. Die Herbststürme setzen ein und wühlen das Watt durch; Sie werfen große Wellen auf jeden Fleck, als wären sie Bäcker und müßten das Watt durchkneten. Immer noch lieben Otto und Olaf ihr Zuhause. Sie sind glücklich so zerzaust zu werden und immer im größten Getümmel zu finden. Die Wellen sind ihre Achterbahn. Überschlägt sich eine Welle mit Otto oder Olaf im Kamm, donnern sie auf den Boden wie ein Ziegel, der vom Dach geblasen wird. Sie werden in der Gischt durcheinander gewirbelt, wie in einer Waschmaschine im Schleudergang und quietschen vor Vergnügen dabei. Wenn sie dann wieder frei sind, mit weichen Wirbeln und rasendem Herzschlag, strahlen sie wie ein Kilo Leuchtalgen. Und nach einer kurzen Besinnungszeit suchen sie sich eine neue Welle.

Monika versteht diesen Spaß nicht. Sie haßt es, die Kontrolle zu verlieren, in weißem Strudel zu taumeln wie vom Zitterrochen betäubt. Aber sie ist häufig in der Nähe der Wellen, denn wenn eine Welle sich im Watt überschlägt und ihre Wassermassen auf den Boden wirft, dann legt sie alles frei, was sich unter einer dünnen Schlammschicht sicher gefühlt hat. Der Boden nach einer Welle ist ein kaltes Buffet für Aale, so reichhaltig bestückt, daß sie es niemals aufessen können. Läßt sich Monika dann von diesem Riesenangebot verwirren, überlegt sie zu lange, was sie zuerst essen soll, kann es ihr passieren, in die nächste Welle zu geraten und vollkommen durcheinandergewirbelt zu werden. Aber nicht einmal dann schwimmt sie fort, die Verlockung des guten Essens ist zu groß.

Es wird kälter, Krabben und Würmer ziehen sich noch weiter zurück, das Buffet wird abgeräumt. Monika, die sich ohnehin nicht gerne bewegt, sehnt sich nach der Winterruhe, insgeheim sucht sie schon nach einem ruhigen Plätzchen. Aber auch Otto und Olaf spüren die Kälte zunehmend. In der Welle können sie nicht mehr so schnell mitschwimmen und die Futtersuche dauert so lange, daß keine Zeit zum Spielen bleibt.

An einem Novemberabend wollen sie schließlich nicht mehr. Erstaunlicherweise ist es windstill, das Wasser plätschert nur leise, keine Welle regt sich. Die drei haben ihre Tagruhe beendet und suchen an jedem erdenklichen Platz nach Futter, ohne etwas zu finden. Nun hungern Aale lange nicht so schnell wie Menschen, sie können monatelang nichts essen, ohne zu verhungern. Lieber aber essen sie. Und weil sie eben nicht gerne hungern und ihr Instinkt ihnen sagt, daß es Zeit ist, folgen sie Monika, die schon einen Winterruheplatz gefunden hat.

Es ist ihr erster Winter im Meer, und alles ist ganz anders. War es im Teich ruhig, fast totenstill, so hören die Stürme im Meer nicht auf. Noch tief im Schlamm eingegraben hören sie die Stürme toben und die Wellen auf den Boden krachen. Und es wird nicht so kalt wie in den letzten Jahren. Im Teich sank die Temperatur immer weiter, bis die Aale in ihrer Starre nichts mehr gespürt haben. In die Nordsee spült der

Golfstrom manchmal einen Schluck wärmeres Wasser, so daß die Aale in ihre Winterruhe nur so vor sich hin dämmern. Im letzten Jahr bildete sich im Januar, die Tage wurden schon wieder länger, eine dünne Schicht Eis auf dem Teich. Und unter dem Eis wurde es leise, als hätte jemand ein Tür geschlossen. Dann wurde das Eis so dick, daß sich Schlittschuhläufer darauf wagten. Da wurde es so laut, als würde jemand ein Loch in die Tür sägen. In der Nordsee gibt es selten Eis. Nur in sehr harten Wintern kommt das vor und kein noch lebender Aal kann sich daran erinnern.

In ihrem Schlickbett schlafen die Aale nicht sehr tief. Wenn ein Sturm ein bißchen Golfstrom in die Nordsee drückt, werden die drei fast so wach, daß sie auf Nahrungssuche gehen könnten, fast so wach. Sie spüren dann den Hunger leicht an ihnen nagen, aber es ist so gemütlich und kuschelig, daß sie einfach nicht aufstehen wollen. Statt dessen bleiben sie liegen und erzählen sich ihre Erlebnisse aus dem Sommer. Monika, die anfänglich ja vom Watt begeistert war, betont immer mehr die Nachteile, während Olaf und Otto schwärmen, wie ein Durstender in der Wüste von einem Faß Brause. Dabei können sie durchaus vom selben Erlebnis sprechen, die Wellen sind ein gutes Beispiel dafür: Monika findet es furchtbar, durch das Wasser gewirbelt zu werden und vollkommen die Orientierung zu verlieren. Zwar hat auch sie gern gefressen, was die Wellen so freigelegt haben, aber sie kann ja auch kleine Fische fangen, die nicht in den Wellen sind. Für Olaf und Otto sind die Wellen die Achterbahn und die freigelegten Würmer und Krabben der Schmalzkuchenstand. Für sie ist die

Nordsee andauernder Rummel.

Als Otto von einem kleine Seehund zu schwärmen beginnt, kommt es zu ihrem ersten wirklichen Streit. Otto bemerkt nicht, was geschieht, und kann es dann nicht verstehen. Ein Schwall warmen Wassers - für Menschen noch viel zu kalt - weckt sie wieder einmal aus ihrer Starre, so weit, daß sie sogar die Augen öffnen und ihre Umgebung betrachten können. Seehunde halten keine Winterruhe, sie müssen das ganze Jahr über Nahrung suchen, wenn es kalt ist wie im Winter sogar noch mehr. Olaf, Otto und Monika liegen einträchtig nebeneinander, vielleicht erzählt Olaf gerade einen Witz, da saust ein Seehund an ihnen vorbei, so schnell, daß sie nur einen schwarzen Schatten sehen, der sie unheimlich erschreckt. Blitzschnell vergraben sie sich im Schlick, kein Hautfetzen ist mehr zu sehen. Nach einer halben Stunde, einer halben Fischewigkeit, wagt Olaf, vorsichtig den Kopf aus dem Schlamm zu heben. Nichts ist zu sehen. Zur noch größeren Vorsicht wartet er einige Zeit, dann tastet er nach seinen Freunden.

„Das war vielleicht Julia", sagt Otto und berichtet vom Sommer.

In einem Priel, nicht weit weg von ihrem damals üblichen Schlafplatz, hat er eines Nachmittags, kurz vor seinem Frühstück, einen kleinen Seehund mit seiner Mutter entdeckt. Aus sicherer Entfernung hat er den Kleinen bei Spielen beobachtet, die wie seine eigenen aussahen.

„Wellenreiten macht nicht nur Aalen Spaß, auch Julia ist immer wieder auf eine Welle aufgeschwommen und hat sich bis auf den Strand tragen lassen. Sie sah toll aus auf der Welle, sie hat sogar den Kopf über Wasser gehalten. Und im Wasser hat sie sich so elegant bewegt, schnell wie der Blitz."

Im Gegensatz zu sonst kann Monika nicht ruhig zuhören. Ständig unterbricht sie Otto, um ihm zu sagen, daß er von einem gefährlichen Raubtier spricht. „Seehunde essen so viele Aale, wie du Krabben, das Tier ist nicht schön, es ist grausam."

„Sie hat eine schwarze Haut wie wir, und nie habe ich Julia einen Aal fangen sehen." Otto will recht behalten, das ist der beste Weg zum Streit.

„Eine schwarze Haut auf dem Rücken und einen hellen Bauch, damit wir sie nicht so gut sehen können, wenn sie über uns schwimmt, um uns zu jagen." Auch Monika will recht behalten.

Olaf, der zwischen den beiden liegt, wendet sich unglücklich nach rechts und links. Seine Freunde beginnen zu streiten, und er ahnt, was daraus folgen kann.

„Und woher weißt du, daß dieses Monster Julia heißt?"

Otto treten fast Tränen in die Augen. Als er seinen Seehund das erste Mal sah, war dieser noch klein, nur wenig länger als Monika jetzt, und er hatte riesige, kullerrunde schwarze Augen, in denen alles Glück der Welt zu sehen war. Die Augen haben Otto sofort an die Sargasso-See erinnert, wo alle frisch geschlüpften Aale solche Augen haben. Da hat er selbst das Seehundbaby Julia genannt, der schönste Name, der ihm einfiel. Monikas Gemeinheit drückt ihm das Wasser aus den Kiemen.

„Sie ist kein Monster, sie ist ein niedliches Seehundbaby. Und den Namen habe ich ihr gegeben."

„Vielleicht war das ja gar kein Seehund." Olafs Versuch, sich zwischen die beiden zu drängen ist halbherzig und wird einfach überhört.

„Ach, jetzt ist unser Grab niedlich und bekommt einen Namen. Möchtest du noch die Zähne taufen, die dir das Rückgrat zerstückeln?"

Noch im Sommer, nach dem Ende der Nacht, als die Sonne schon eine Flossenbreite über dem Horizont stand, Otto fing gerade seine letzte Krabbe, begegneten sich Otto und Julia direkt. Erstmals ohne die schützende Entfernung sahen sie sich direkt in die Augen. Beide haben sich erschreckt, als hätten sie einen Hai gesehen, dann schwammen sie wieder aufeinander zu, bis ihre Schnauzen sich berührten.

Es war keine lange Begegnung. Der Seehund trank noch die Milch seiner Mutter, wäre er älter gewesen, hätte er Otto sicher gerne gegessen. So untersuchte er ihn nur neugierig, verlor dann aber das Interesse. Otto betrachtete verliebt die großen Augen, bewunderte den runden, gut gepolsterten Körper, spürte aber instinktiv, daß dieser Seehund ihm gefährlich werden könnte. So bewegten sie sich kurz umeinander und trennten sich wieder. Später sahen sie sich nur noch aus der Ferne. Aber nicht einmal da verlor Otto seine Verliebtheit. Selbst als er sie mit einem Fisch im Maul sah, selbst mit einem sich noch windenden Aal hielt er an seiner Liebe fest, auch wenn er sich von da an in sicherer Entfernung hielt.

Das alles erzählt er Monika jetzt nicht. Er fürchtet, daß sie nur über ihn lachen und noch mehr häßliches über Julia sagen würde. Statt dessen behauptet er etwas, das Widerspruch herausfordert: „Niemals

110

würde Julia mich fressen. Es gibt mehr auf dieser Welt als nur fressen und gefressen werden!"

„Ach ja? Es gibt Freundschaft zwischen Aal und Seehund? So wie zwischen Aal und Krabbe, Aal und Wattwurm? Wach auf Otto, die Welt ist nicht so, wie du sie dir erträumst."

„Die Welt ist aber auch nicht so, wie du sie befürchtest. Ich werde es dir beweisen."

Wütend schwimmt Otto auf. Er muß diesen Platz verlassen, zu sehr hat er sich geärgert. Monika ist mehr als seine beste Freundin, er will und kann ohne sie nicht leben. Aber warum glaubt sie ihm dann nicht? Warum macht sie ihn lächerlich? Große Liebe erzeugt auch große Wut. Sein Schwanz knallt wie eine Peitsche, als er in das winterliche Meer flüchtet. So schnell er in dem kalten Wasser kann, schwimmt er den tiefen Priel entlang, die Rufe von Olaf und Monika hört er nicht mehr.

Im Meer allein

Das Meer im Winter ist wie das Meer im Sommer. Es sind dieselben Priele, derselbe Schlick, auch die Inseln sind noch dort, wo sie im Sommer waren. Die Wellen rauschen wie im Sommer und im Herbst, auch Ebbe und Flut wechseln sich zuverlässig und immer gleich miteinander ab. Aber es ist leer. Kein Fisch ist zu sehen, keine Krabbe wagt sich aus dem schützenden Schlick, auch die Würmer bleiben tief verborgen. Otto schwimmt an alle Plätze, die ihm nur einfallen, nirgends ist Leben.

Weiter draußen, beschwörend redet Otto es sich ein, weiter draußen wird es Leben geben, dort wird er

Freunde und Futter finden. Flach auf den Bauch gepreßt schlängelt er sich in einen Priel und läßt sich von der Ebbe ins offene Meer treiben. Gut getarnt mit seiner dunklen Haut im dunklen Schlick beobachtet er das gefundene Leben. Seehunde sausen durchs Wasser. Mit unglaublicher Geschwindigkeit verfolgen sie Heringe, Makrelen und jeden anderen Fisch, den sie sehen, und nur selten gelingt es ihren Opfern zu entkommen. Fasziniert von der Eleganz der Seehunde rührt sich Otto nicht. Viel mehr als die Seehunde fesseln ihn die Gejagten. Aus seinem vermeintlich sicheren Versteck am Boden beobachtet er einen Schwarm Heringe, die in ballettartigen, gleichzeitigen Bewegungen versuchen, ihren Räubern zu entkommen. Otto kann sehen, welcher Hering nur ein kleines bißchen zu langsam ist. Auch die Seehunde sehen das. Etwas langsamer zu sein als die anderen, ist wie ein Todesurteil, wer langsamer ist, wird gefressen.

Monika hat recht, Seehunde sind Raubtiere, grausam schöne, elegante und tödliche Raubtiere, die unterschiedslos alles fressen, bis sie satt sind. Sie würden niemals einen Aal verschmähen, im Gegenteil, ein fetter Aal wäre ihnen wahrscheinlich ein Weihnachtsessen. Nicht einmal Julia würde ihn verschonen. Die ist inzwischen groß geworden. Sie ist noch nicht so groß wie die erwachsenen Seehunde, aber lange schon kein Baby mehr. Ihr Kopf ist gewachsen, also sehen die Augen nicht mehr so riesig aus, und sie säugt nicht mehr bei ihrer Mutter, sondern fängt Fische, manchmal auch einen Aal. Gerade hat sie einen Hering gefangen und sucht nun den Boden nach einem Nachtisch ab. Sie kann unter

Wasser nicht schnüffeln, nur ihre Augen können ihr sagen, ob sich ein Krebs zeigt, eine Flunder oder gar ein Aal. Dicht über dem Boden, aber immer noch schnell, schwimmt sie bis an den Anfang des Priels, in einer abrupten Drehung wendet sie dort, und sucht den Boden ein zweites Mal ab. Zweimal streift sie Otto fast mit ihrem Bauch, aber sie sieht ihn nicht, auch keinen Krebs, also fängt sie wieder Heringe.

Otto erkennt Julia nicht. Er sieht nur den schwarzen Schatten auf sich zurasen, die großen Augen und das noch größere Maul. Panisch versucht er sich in den Schlamm zu drücken, aber er darf sich nicht bewegen, sonst würde ihn der Seehund sehen. Vor lauter Schreck kann er sich auch gar nicht bewegen. Nur in Gedanken verabschiedet er sich von Monika, die er erst im Aalhimmel wiedertreffen wird.

Aber das Unglaubliche geschieht: Der Seehund saust über ihn hinweg, obwohl er ihn mit einer leichten Kopfbewegung berühren könnte. Zweimal hat er dieses riesige Glück, dann wartet er einen günstigen Moment ab, um zurückzuschwimmen.

Olaf und Monika warten. Nebeneinander liegen ihre Köpfe flach auf den Boden gedrückt, die Aufregung beschleunigt ihren Atem. Mit dem Mund saugen sie das Wasser an, das sie durch ihre Kiemen zurück ins Meer strömen lassen. Olaf ist häufig allein weggewesen, Otto zwar seltener, aber auch bei ihm ist das nicht ungewöhnlich. Noch nie aber ist einer von ihnen aus dem Winterschlaf geflüchtet, noch nie hat sich einer in der Winterkälte ins offene Wasser gewagt. Die beiden haben Angst um ihren Freund, sie fürchten ihn nie wieder zu sehen. Als Otto endlich zurückkommt, bemerkt er das nicht. Mindestens so glücklich wie Olaf und Monika ertastet er mit seinem Schwanz die Lücke zwischen seinen Freunden und drängt sich zurück in den Schlick. Kein Wort über Julia, kein Wort über ihren Streit, in stiller Zufriedenheit verbringen sie den Rest des Winters nebeneinander.

Frühlingsgefühle

Erst spät im Frühjahr erwachen die Aale aus ihrer sehr tiefen Winterruhe. Kaum hatte sich Otto zwischen seine Freunde gedrängt, wurde es nämlich bitter kalt. Starke Stürme begannen das Watt durchzuwühlen und innerhalb von nur zwei Tagen war die Wassertemperatur nahe dem Gefrierpunkt. Die Aale wühlten sich tiefer als sonst in den Schlamm, sie spüren einen harten Winter lange bevor die Wettervorhersage das weiß. Dann hörten die Stürme auf, und nur ein leichter Wind wehte vom Nordpol und brachte die ganze Kälte von dort mit. Nachts war es sternklar und langsam fing sogar die Nordsee an zu frieren. Eiskrümel um Eiskrümel setzte sich aneinander, bis große Eisklötze im Meer schwammen und sich am Strand stapelten. Als dann die Sonne endlich wieder wärmen konnte, mußte sie zuerst all das Eis auftauen. Erst danach konnte sie das Wasser wärmen, und nur warmes Wasser heißt Frühling für die Fische. So kam der Frühling in diesem Jahr spät, und alle Fische hatten weniger Zeit für ihre Frühjahrsgeschäfte.

Die wichtigste Aufgabe für die Fische im Frühjahr ist das Laichen. Und diese Aufgabe ist durchaus schwieriger und langwieriger als das Eilegen für ein

Huhn. Ist die Laichzeit gekommen, beginnen nicht selten große Veränderungen, für viele Fische sogar ein Umzug. Stichlinge zum Beispiel sind kleine unscheinbar silbergraue Tierchen, die durch ihre gute Tarnung überleben. Wenn der Frühling kommt, beginnt ihre Veränderung. Als erstes beginnen die Männchen nervös zu werden. Es ist ein unbestimmtes Gefühl im Bauch, das sie zu tänzerischen Schwimmbewegungen treibt. Gleichzeitig befällt sie das Reisefieber, es zieht sie aus dem Meer in die Flüsse. Die Weibchen sind noch ruhig. Sie beobachten interessiert, was die Männchen so treiben, eine leichte Vorfreude steigt in ihnen auf. Dann verändert sich der Bauch des Männchens: Vom Kinn über die stachlige Brustflosse hinaus färben sich die Schuppen zartrot. Im Verlauf weniger Tage wird dieser Anflug von Röte dann durch ein prächtiges Hochzeitskleid ersetzt, dessen Rot für Verkehrsampeln benutzt werden könnte. Da sind die Stichlinge schon in den Flüssen. Die Weibchen, wie elektrisiert durch den roten Bauch und den blaugrün schillernden Rücken folgen den Männchen willig.

In den Flüssen ist das Tanzen der Männchen nicht mehr genug, sie müssen hart arbeiten. Aus Pflanzenresten, die sie kunstvoll miteinander verkleben, bauen sie ein eigenes Nest, in dessen Nähe sie keine anderen Männchen lassen. Ist das Nest fertig, beginnt das Tanzen wieder. Jetzt tanzen sie ihren Hochzeitstanz, um möglichst viele Weibchen in ihr Nest zu locken. Kommt dann ein Weibchen und legt Eier ins Nest, werden diese sofort vom Männchen befruchtet. Aber mit einem Weibchen hat kein Stichling genug, alle tanzen weiter, bis sie auch sicher genügend Eier im Nest haben. Das ist ein langwieriges Geschäft, und wenn der Frühling spät kommt, müssen alle sich beeilen.

Einen Trieb zur Fortpflanzung verspüren die Aale noch nicht, sie sind zu jung und zu klein dafür. Nur in Monika breitet sich eine Nervosität aus, wann immer sie einen Fisch bei seinem Laichgeschäft beobachtet. Es breitet sich ein Druck in ihrem Hinterkopf aus, ähnlich dem Neid, der uns ergreift, wenn wir krank im Bett liegen müssen, während andere sich in der Sonne vergnügen. Als sie die ersten Krabben sieht, die ihren Laich behutsam zwischen ihren Beinen tragen, zögert sie sogar, sie zu essen, obwohl sie nichts auf der Welt lieber frißt als Krabben.

Noch mehr verwirrt sie ein Fisch, der einem Aal fast ähnlich sieht. Er ist so lang wie Monika, aber viel dicker und nicht ganz so dunkel gefärbt. Außerdem hat er noch gewaltige Brustflossen, die von seinem Körper abstehen, wie Schwimmflossen von Taucherfüßen. Monika stöbert ihn mitten im Seegras auf, in dem sie gerade nach etwas Eßbarem stöbert. Wie immer, wenn sich zwei gleich große Fische begegnen, erschrecken sich beide. Blitzartig zieht sich Monika zurück, ohne den anderen Fisch aus den Augen zu lassen, an dem ihr etwas merkwürdiges aufgefallen ist.

Dieser andere Fisch hat kaum erkennen lassen, daß er Monika gesehen hat. Vielleicht hat er die Brustflossen ein wenig aufgestellt, bestimmt hat sich sein Maul leicht geöffnet und gibt den Blick auf kurze, aber scharfe Zähne frei, aber der Körper hat sich nicht bewegt. Vorsichtig nähert sie sich ihm wieder, neugierig auf einen so rätselhaften Fisch. Das dumpfe Gefühl in ihrem Hinterkopf verstärkt sich, als sie den Fisch in seiner Reglosigkeit genauer betrachtet. Der Fisch ist nämlich wirklich reglos, aber sehr aufmerksam und scheint in seiner Reglosigkeit doch etwas zu tun. Und keinesfalls will er erlauben, daß Monika sich seiner Seite nähert. Sein Maul öffnet sich weiter, als sie es trotzdem tut, und als sie noch näher kommt, bewegt er sich doch und versucht sie zu beißen.

Schnell ist Monika geflüchtet. Sie hat etwas gesehen, daß sie nicht begreifen kann und daß sie schwer verstört. Noch als sie Olaf und Otto davon erzählt, erscheint es ihr geisterhaft und auch gemeinsam finden sie keine Erklärung. Das Gefühl in ihrem Kopf bleibt.

Monika hat kleine, fast winzige Fischchen gesehen, die aus dem Bauch des großen herausschwammen. Diese Fischchen, und das war das merkwürdigste, sahen aus wie kleine Aale. Munter schlängelten sie sich um den großen Fisch, manche so wild und unbekümmert, wie Olaf vor wenigen Jahren.

Man muß Monikas Aufregung verstehen. Selbst Fischer, denen dieser Fisch ins Netz gegangen ist, waren erstaunt über die vielen kleinen Fische im Bauch des großen. Wegen der Ähnlichkeit mit kleinen Aalen, und weil kein Mensch wußte, wo Aale sonst herkommen könnten, hat man den großen Fisch Aalmutter genannt. Inzwischen weiß man, daß diese kleinen keine Aale sind, aber der Name für den Großen wird bleiben.

Bis in den Sommer läßt sich Monika im Watt fesseln, bis in den Sommer spürt sie ihre Unzufriedenheit mit dem Meer nicht, weil an immer anderen und überraschenden Stellen Leben neu entsteht. Im Sommer dann, als die Sonne hoch am Himmel steht und ihre Strahlen beinahe senkrecht ins Wasser schicken kann, befällt sie das gleiche Gefühl wie im Vorjahr. Noch gibt es genügend Krabben, aber sie schmecken ihr nicht mehr so besonders. Sie wird satt, aber sie hat keine Freude mehr am Essen. Es ist, als würden wir unser Lieblingsessen nur noch bei unserem schrecklichsten Onkel bekommen. Eine Zeitlang würde es uns dort schmecken, dann aber würden wir lieber lauwarme Gemüsesuppe essen, als noch einmal bei unserem Onkel.

Mit Sorge sehen Otto und Olaf, was mit Monika vorgeht. Sie erinnern sich noch gut an den letzten Sommer, als Monika nur wegen ihres Versprechens im Watt geblieben ist. Olaf und Otto fühlen sich dort noch so wohl, daß sie das Meer keinesfalls verlassen wollen, aber sie wollen auch nicht ohne Monika sein. Also bringen sie Monika kleine und große Leckereien, machen Ausflüge mit ihr, um ihr die schönsten Plätze im Watt zu zeigen. Mit Stange und Steinen bauen sie sogar eine Höhle für ihre Tagruhe, was Aale sonst niemals tun, aber alle Mühe ist vergeblich. Man kann nicht sagen, daß Monika besonders traurig ist oder niedergeschlagen, aber sie lacht niemals mehr. Tag für Tag, Nacht für Nacht lebt sie weiter, ohne Freude empfinden zu können. Und wenn einer von drei Freunden nicht mehr lacht, dann hören die anderen beiden auch bald auf.

Ein guter Rat vom Mond

Nur bei Vollmond, wenn der Mond makellos kreisrund über einer ruhigen See steht, wenn er sich im Wasser spiegelt und die Aale in seinem Spiegelbild auftauchen, nur dann kann der Mond mit ihnen sprechen. Natürlich weiß der Mond alles, was geschehen ist, von oben kann er es ja sehen. Und Otto, Monika und Olaf hat er immer gerne beobachtet, die drei haben ihm viel Freude bereitet. Darum war er auch so bestürzt, als Monika traurig wurde. Da hat er lange nachgedacht, auf den nächsten Vollmond gewartet und die drei in sein Spiegelbild gelockt.

„Ihr kleinen Aale", seine mächtige Stimme, mit der er Häuser zum Einsturz bringen könnte, ist nur in seinem Spiegelbild im Wasser zu hören, „euer Leben lang habe ich euch gerne zugesehen. Es hat mich so gefreut eine Freundschaft miterleben zu können, wie es auf der Erde keine zweite gibt, daß ich euch jetzt helfen möchte. Monika ist unglücklich im Meer. Sie wird nicht mehr lange bleiben können. Bald wird sie ihren Appetit verlieren, ihre noch so schönen dunklen Schuppen werden verblassen und sie wird nicht mehr lächeln. In der Elbe, in den kleinen Nebenflüssen würde es ihr wieder besser gehen, dafür würden Otto und Olaf aufhören zu lachen. Jede Wollhandkrabbe würde sie an das Meer erinnern und jeder Lachs, der zum Laichen in die Flüsse kommt, würde sie zurück ins Meer locken. Ihr habt ein großes Problem."

Verwundert schwimmen die Aale durcheinander. Etwas hat sie an die Wasseroberfläche gerufen, etwas geheimnisvolles, das jetzt mit ihnen spricht. Vergeblich bemühen sie ihre feine Nase, sie können nichts riechen. Mit ihrer Schwanzspitze reiben sie sich über die Augen, aber sie sehen niemanden. Nur der Mond steht hell und strahlend über ihnen.

„Genau, ich bin es, der Mond über euch. Ich habe eine Lösung für euer Problem, aber ich habe nicht viel Zeit, sie euch zu erklären. Bald muß ich weiter, sonst schaffe ich es nicht rechtzeitig um die Erde, ein bißchen Verspätung habe ich schon.

Schwimmt in Richtung Norden, vier Nächte lang, bis ihr an ein großes Wehr kommt. Dort mündet ein Fluß ins Meer, ihr werdet ihn schon riechen. Biegt ab in den Fluß, und sofort auf der linken Seite findet ihr sehr schöne Gräben. Dort wird Monika sich wohl fühlen. Und das Meer ist so nah, daß ihr immer darin schwimmen könnt, ihr könnt es sehen, hören, riechen und fühlen. Aber paßt gut auf, die Menschen dort fangen Aale in Reusen. Laßt euch nicht fangen."

Abrupt bricht die Stimme ab und das Spiegelbild des Mondes macht einen gewaltigen Satz bis nach Dänemark. Die Aale schwimmen noch irritiert an der Wasseroberfläche, aber der Mond spricht nicht mehr mit ihnen. Und die Astronomen der Erde, all die Sternengucker, die nächtelang vor ihren Fernrohren sitzen und die Sterne so genau vermessen, wie Kampfrichter einen Weltrekordweitsprung, sie haben bemerkt, daß der Mond für einen winzigen Moment stehengeblieben ist. Das ist für sie eine Sensation, weil der Mond in den Millionen von Jahren, die er schon existiert, noch niemals stehengeblieben. Jedenfalls glauben das die Astronomen, und sie glauben, daß er niemals stehenbleiben wird. Fast verzweifelt warten darum alle darauf, daß sie etwas entdecken, einen Fehler in den Fernrohren oder ein Erdbeben, daß diesen Mondstillstand erklärt. Aber sie finden nichts, und der Mond zieht so regelmäßig seine Bahnen, daß sie bald alle glauben, einen Traum geträumt zu haben, einen Traum, den die ganze Welt zur gleichen Zeit gehabt hat.

Die Aale wissen nichts von Astronomie, nichts von regelmäßigen Mondbewegungen oder Wundern im Weltraum, sie wissen nur, daß der Mond noch nie mit ihnen gesprochen hat. Wie immer, wenn sie von etwas verängstigt werden oder so verwundert sind, daß sie Brust und Rückenflosse verwechseln, kriechen sie tief in den Schlamm, wo sie der Sargasso-See nah sind. Daß der Mond mit ihnen gesprochen hat, hat sie nicht erschreckt. Der Mond war kein böser Geist für sie, sondern eher ein guter, wenn auch unbekannter Freund, dessen Rat wichtig ist, aber es hat sie eben sehr verwundert. Tief im Watt werden sie ihrer Verwunderung Herr und plötzlich verstehen sie ihr Problem.

Otto und Olaf waren glücklich im Watt, so glücklich, daß sie Monikas Unglück nicht bemerken wollten. Sie wollten unbedingt mit Monika leben und unbedingt im Watt. Da ein Aal nicht so furchtbar weit denken kann, ist keinem von ihnen eingefallen, wie sie beides haben können. Sie haben nur versucht, jede Minute im Watt zu genießen und vorsichtshalber niemals an die Zukunft gedacht. Sie haben versucht, Monikas Leben im Watt so schön wie möglich zu machen, mit der dumpfen Ahnung, daß diese unglücklich nur ihretwegen noch blieb. Und so ging es Monika: Sie wurde unglücklich mit ihrem Leben und konnte sich immer weniger von ihrem Unglück ablenken lassen. Sie liebt Otto und Olaf und freute sich an deren

Glück, aber das lenkte sie nicht mehr ausreichend von ihrem Unglück ab. Monika ist auch nur ein Aal, sie kann nicht sehr weit denken, und so lebte sie in ihrem Unglück und wäre wohl bald eingegangen.

Wie gut, daß es den Mond gibt, der von dort oben alles sehen kann und eine Lösung findet, bevor die Aale das Problem so richtig verstanden haben. Monika erspürt die Hoffnung, daß ihr Leben sich zu einem besseren wenden kann. Es gibt einen Platz, wo alle drei glücklich sein können. Otto und Olaf glauben dasselbe. Der Schrecken, das Watt verlassen zu müssen, hört plötzlich auf, ein Schrecken zu sein, weil sie einen Platz finden werden, an dem es mindestens genau so schön ist. Unten im Schlamm halten die drei sich an ihren Brustflossen und versprechen sich, ein Zuhause für alle drei zu finden. In diesem Versprechen liegt so viel Beruhigung und so viel stilles Glück, jetzt wird ja alles wieder gut, daß die Aale leise einschlafen, obwohl es noch mitten in der Nacht ist.

Vielleicht ist es merkwürdig, wie sehr sie alle auf den Mond vertrauen. Keiner kommt auf die Idee, daß der Mond gelogen haben könnte, daß er ihnen nur einen Streich spielen wollte. Aber sie haben recht damit: Der Mond hat ihnen einen guten Rat gegeben, wie sie in weniger als einer Woche herausfinden.

Die Suche nach einem neuen Zuhause

Als die Aale wieder aufwachen, mit Mut im Herzen und in großer Aufbruchstimmung, malt die untergehende Sonne den Himmel rot wie das Innere einer Blutorange. Ein letzter Krabbenkutter, der seine Netze schon eingeholt hat, tuckert quer durch das Watt, in dem die Flut noch hoch steht. Die Fotoapparate der Touristen machen in einer Minute tausend Fotos, die es schon millionenfach gibt, und die später mit all den anderen in Schubkästen und Fotoalben alt werden. Der Mond ist im Osten erschienen. Als große, weiße, nicht mehr ganz runde Scheibe steht er am Himmel, und mit jedem Sonnenstrahl, den er auf die Erde spiegelt, schickt er den Aalen Mut und Lebensfreude. Otto und Monika, denen jeder Strahl unter der Haut brennt, bestürmen Olaf, endlich aufzubrechen. Dabei muß der gar nicht bestürmt werden. Genauso aufgeregt wie sie schlängelt er sich durch den Schlick und kann die Dämmerung kaum abwarten. Denn erst in der Dunkelheit wandern die Aale, tagsüber ist es zu hell: Ein zufällig vorbeifliegender Kormoran könnte sie sehen, oder ein jagender Seehund, und es wäre um sie geschehen.

Noch hat die Ebbe nicht eingesetzt. Die Sonne plumpst ins Wasser, als wollte sie sich endlich abkühlen, und das kalte Mondlicht, das alle Farben schluckt, drängt das Rot vom Himmel. Das ist die Zeit der Aale, die jetzt einen nördlich gelegenen Priel suchen, der sie mit Einsetzen der Ebbe in Richtung des versprochenen Ziels spülen soll.

Nebeneinander schwimmen die drei durch das Watt, und immer wenn sie über hellem Sand sind, kann man die Unterschiede zwischen ihnen besonders deutlich sehen. Monika ist inzwischen einen halben Meter lang, mehr als zehn Zentimeter länger als Otto und Olaf, die in einem ständigen Wettstreit stehen, wer von ihnen länger ist. Tatsächlich sind sie genau siebenunddreißig Zentimeter lang und wachsen gleich schnell, als wären sie eineiige Zwillinge, die es bei Aalen aber nicht gibt. Aale unterscheiden sich aber nicht nur durch ihre Länge voneinander, ihre Köpfe können unterschiedliche Form haben. Bei Otto und Olaf ist der Kopf so breit, wie der restliche Körper. Wenn sie über einen hellen Sandstreifen huschen, kann niemand sehen, wo der Körper aufhört und wo der Kopf anfängt. Ihre Schnauze läuft nach vorne spitz zu, so wie sie es schon immer getan hat, was jetzt aber zu einem besonderen Merkmal geworden ist: Ihre Schnauze ist immer noch spitz, also nennt man sie Spitzkopfaale.

Monikas Kopf dagegen ist breiter geworden. Von oben kann man deutlich sehen, wo der breitere Kopf beginnt, und man kann auch sehen, daß ihre Schnauze stumpf geworden ist. Ganz so, als wäre ihr Kopf nur noch in die Breite und nicht mehr in die Länge gewachsen. Einen Aal wie Monika nennt man nicht etwa Stumpfkopf, sondern Breitkopfaal.

Wenn Aale größer werden, bestimmt ihre Nahrung, was aus ihnen wird. Ein Aal, der oft hungrig ist, der anfängt kleine Fische zu fangen, später auch größere, bekommt das gefräßige Maul eines Breitkopfaals. Breitkopfaale wachsen schneller, dadurch bekommen sie mehr Hunger, sie müssen mehr essen, immer größere Fische, dadurch wird ihr Maul größer, sie können mehr essen, wachsen also schneller und so gibt es kein Ende. Breitkopfaale, die treffenderweise auch Raubaale genannt werden, essen später nicht nur Fische. Sie machen auch vor kleinen Fröschen,

Mäusen und sogar Entenküken mit Federn nicht halt. Wenn die Aale sich allerdings mit Würmern, Schnecken und kleinen Krebse zufrieden geben, dann wachsen sie nicht so schnell, sie werden nicht so groß, sie bleiben Spitzkopfaale.

Noch sind Otto und Olaf Spitzkopfaale. Sie lieben ihre Würmer und Krabben, manchmal schielen sie aber schon nach einem Stichling oder einer Schwarzgrundel, und ganz junge Fischbrut, kaum so lang wie ihr Maul breit ist, haben sie längst probiert. Fangen sie nun später an, größere Fische zu jagen, läuft ihnen dann das Wasser im Mund zusammen, wenn sie einen saftigen, dickschenkligen Frosch auf einem Seerosenblatt schlummern sehen, dann können sie sich immer noch zu Raubaalen entwickeln. Fangen sie sehr spät damit an, dann werden aus ihnen keine richtigen Breitkopfaale mehr, sie bleiben dann halbe Spitzkopfaale. Es gibt nämlich Breitkopfaale, Spitzkopfaale und alle Formen dazwischen. Und weil die Aalfrauen schneller wachsen als die Aalmänner, gibt es unter den Raubaalen mehr Frauen und unter den Spitzkopfaalen mehr Männer.

Raubaal Monika und ihre Freunde Otto und Olaf schlittern durch das Watt und treffen mit Einsetzen der Ebbe auf den gesuchten Priel. Voller Spannung, wie der mondversprochene Flecken Wasser aussehen könnte, lassen sie sich nach Norden treiben. Wie besonders eilige Menschen, die nicht einmal auf einer Rolltreppe ruhig stehen können, schwimmen sie mit der Ebbe mit. Mit dieser ersten Ebbe und allem Schwimmen kommen sie noch nicht weiter als bei ihren Ausflügen. Olaf, der die längsten Expeditionen gemacht hat, kennt sich noch aus und findet am

Morgen ein schönes Versteck.

Zwei Nächte schwimmen die Aale zwischen Küste und Vogelschutzgebiet. Tagsüber müssen sie sich besonders gut verstecken, denn in den Vogelschutzgebieten wimmelt es nicht nur von Enten und Gänsen, die für einen Aal nicht gefährlich sind, sondern auch von Möwen und Kormoranen, die lieber zwei Aale essen als nur einen. Die Verstecke von Olaf sind gut, und als er keine mehr weiß, finden sie schnell welche. Aale sind sehr erfinderisch, wenn es darum geht, sich zu verstecken. Deswegen spielen Aale auch nie Verstecken, sie würden sich ja doch nicht finden.

In der vierten Nacht wird ihre Aufregung riesig. Vier Nächte hat der Mond behauptet und vier Nächte sind sie nun unterwegs. Ihre Nasen öffnen sich, damit ihnen ja nichts entgeht, und immer wieder versucht Olaf den Kopf aus dem Wasser zu strecken, er möchte das Wehr zuerst sehen. Monika schnüffelt nach Süßwasser. Wenn sie die ersten Geruchsspuren eines Flusses in der Nase hat, dann wird sie sich nicht mehr zurückhalten lassen, und sie kann den Moment kaum noch erwarten. Otto und Olaf, die etwas traurig befürchten, daß sie das Meer jetzt doch verlassen werden, freuen sich trotzdem auf das neue Zuhause, wenn sie es auch nicht ganz so eilig haben, wie ihre Freundin.

Aber die Nacht vergeht, und so schnell sie auch schwimmen, kein Süßwasser dringt in ihre Nasen, kein Wehr staut Wasser auf und läßt es donnernd ins Meer poltern, gleichbleibend flach reicht das Wasser bis kurz vor den Deichfuß und auch der schwarze Untergrund, das schlickerige Watt ändert sich nicht.

126

Durchdrungen von dem Versprechen des Mondes schwimmen die Aale noch, als sie sich eigentlich ein Versteck für den Tag suchen müssten. Über dem Deich wird es schon hell, die Sonne färbt die streifenden Wolken rosarot und läßt das erwachende Blau des Himmels leuchten, da verkriechen sich die Aale enttäuscht zwischen den Steinen, die das Ufer bilden. Otto und Olaf fragen sich als erste, ob der Mond nicht vielleicht doch lügen kann, während Monika, die sich auch am meisten gefreut hat, immer tiefer zwischen die Steine und in den Schlick rutscht. Sie wird nichts mehr glauben und später überlegen, wie sie dem Meer entkommen kann, ohne ihre Freunde zu verlieren.

Noch herrscht die Flut, das Wasser steigt aus dem Meer an die Küste und drückt jeden Fluß zurück in sein Bett. Aus der Elbe könnten die drei das wissen, denn auch in der Elbmündung war während der Flut von der Elbe selbst kaum etwas zu riechen. Aber alle drei haben das vergessen. Schon in Sichtweite des Wehrs, das besonders hohe Fluten daran hindern soll, die Eiderufer zu überfluten, liegen sie trübsinnig zwischen den Steinen und warten auf die nächste Nacht. Sobald aber die Tide kentert, sobald also die Ebbe einsetzt, wird die Eider ihren Geruch im Meer verbreiten und dann werden die Aale bemerken, wie nah sie ihrem Ziel sind.

Olaf natürlich, der neugierige Olaf bemerkt als erster, daß der Mond vielleicht doch nicht gelogen hat. Eben neugierig und sehr nachdenklich hat er den Kopf nicht zwischen den Steinen versteckt, sondern ihn weiter in die Nordsee gehalten, als das für einen vorsichtigen Aal gut ist. Es ist ihm nichts passiert, keine Möwe hat den vorwitzigen Kopf entdeckt und ein bißchen daran gezogen, und er hat das Wasser der Eider als erster gerochen. Nach dem Höchststand der Flut begann das Wasser wieder zu fließen, die in ganz Schleswig-Holstein gesammelten Schwebteilchen im Meer zu lagern und damit den Geruch nach Süßwasser zu verbreiten. Begeistert weckt Olaf seine Freunde mitten am Tag. Die sind zwar sehr verschlafen, lassen sich von einer solchen Nachricht aber gerne im Schlaf stören.

An Schlaf ist nun nicht mehr zu denken. Die Sonne steht hoch am Himmel, so gerade über der Erde, daß kein Mensch einen vernünftigen Schatten wirft, und dennoch schlängeln sich die Aale zwischen den Steinen an der Küste entlang. Die großen schwarzen, würfelförmigen Steine geben ihnen eine gute Deckung, kaum einmal ist ihr ganzer Körper zu sehen. Und sehen die Möwen und Kormorane doch einmal Otto oder Monika, sind sie so überrascht, daß sie vergessen zuzuschnappen, denn niemals ist ein Aal zu einer solchen Zeit unterwegs. Nur unsere drei machen eine Ausnahme, allerdings nicht mehr lange: Die Steinschüttung am Ufer wird durch ein längeres Stück hellen Sandstrand unterbrochen. Wie lang, das wissen die Aale nicht. Olaf, der ganz vorn schwimmt, huscht zunächst auf dem Sand weiter, dreht aber um, als der Sand kein Ende nehmen will. Es hackt schon eine Möwe nach ihm, der er gerade noch entkommen kann, und so beschließen die drei, ihre Ungeduld zu bezähmen und die Nacht abzuwarten. Es wird der längste Tag ihres Lebens.

Am Abend beginnt es zu regnen. Erst regnet es feine Tröpfchen, die auf der sonst spiegelglatten See mehr

Wellenringe werfen, als jemand zählen kann, dann werden die Tröpfchen zu Tropfen, die mit großer Wucht einschlagen und das Meer in eine Kraterlandschaft verwandeln. Die Aale sind begeistert. Alle Tiere im Meer sind begeistert. Mit dem Regen gelangen feine Nährstoffe ins Meer und wecken all die winzigen Krebse, Schnecken und schwimmenden Würmchen, die sich mit großem Appetit darüber hermachen. Das wiederum weckt die kleinen Fische, die kleine Krebse und schwimmende Würmchen essen, auch Otto und Olaf knabbern die kleinen Krebschen gern. Und diese kleinen Fische locken die größeren Raubfische, die nun unvorsichtiges Futter finden. Zu diesen gehört Monika, die sich schnell noch zwei Stichlinge für den Weg fängt. Aber die Aale wollen sich jetzt nicht den Bauch vollschlagen, sie wollen nach dem Versprechen des Mondes suchen. Jeder fängt nur das nötigste, dann schwimmen alle drei auf das Wehr zu, neugierig darauf, was sich dahinter verbirgt.

Die schweren Stahltore stehen offen, nur an den glatten Betonwänden und dem gestrichenen Boden bemerken die Aale, daß sie in den Fluß geschwommen sind. „Dann auf der linken Seite findet ihr schöne Gräben," Olaf hat die Worte des Mondes in bester Erinnerung. Er will ja auch verhindern, daß sie sich allzuweit vom Meer entfernen. Auf der linken Uferseite, direkt nach der Schleuse beginnen sie zu suchen. Eine grobe Holzwand, der ein köstlicher Geruch nach Heimat entweicht, weckt ihr Interesse. Ruhig und aufmerksam untersuchen sie die Holzwand Quadratzentimeter für Quadratzentimeter und finden nur winzige Lücken, durch die höchstens ein Glasaal schwimmen könnte. Der Geruch hält sie fest vor der Holzwand.

Zum Glück für die Aale ist es bewölkt, also sehr dunkel, regnet es, also ist der Boden naß, und zum größten Glück haben sie schon einmal ein Wehr überwunden. Alle drei wissen, daß auf der anderen Seite einer solchen Holzwand wieder Wasser sein kann. Und nachdem der Mond es ihnen versprochen hat, glauben sie an die schönen Gräben auf der anderen Seite. Olaf möchte es als erster versuchen, seine Freunde lassen ihn gern. Erst links der Holzwand, da findet er nur einen steilen Sandstrand, von dem er immer wieder abrutscht, dann rechts der Holzwand verläßt Olaf das Wasser, um so das Hindernis zu umkriechen. Auf der rechten Seite ist es gut: Flach steigt eine Wiese an, vom Regen feucht, was für Olafs Haut sehr angenehm ist, und nach nur wenigen Metern riecht er schon die versprochenen Gräben. Genauso flach fällt die Wiese auf der anderen Seite ab, und so schwimmt Olaf im Flossenumdrehen in den Gräben. Von dort riecht er das Meer und seine Freunde, die aufgeregt nach ihm schnüffeln. Wie verabredet reibt sich Olaf an der Holzwand, nimmt den Mund voll Wasser und spuckt es durch die kleinen Lücken in der Wand. Durch seinen Geruch lockt er seine Freunde, ihm nachzukommen. Sekunden später schwimmen sie wieder zusammen, denn kaum war Olaf durch die Ritze zu riechen, stürzten sich Otto und Monika auf den Strand.

„Aber aufgepaßt, die Menschen dort fangen Aale in Reusen." Olaf hat sich nicht nur gemerkt, wo die Gräben zu finden sind, er erinnert sich auch noch sehr gut an die Warnung des Mondes. Aber man kann einen Aal, der noch nie eine Reuse gesehen hat, nicht vor einer Reuse warnen, alle drei wissen nicht, was eine Reuse sein könnte und worauf sie also achten müssen. Sie rätseln eine Zeitlang, aber ebensogut könnte ein deutsches Kind über eine chinesische Vokabel rätseln. Das deutsche Kind würde keine Lösung finden und die Aale beschließen, sehr vorsichtig weiterzuschwimmen.

Eine Reuse besteht aus mehreren ineinander verschachtelten Netzen mit trichterförmigem Eingang, in den ein Aal leicht hineinfindet, und nur sehr schwer hinaus. Die Maschen der Netze sind so eng, wie der kleinste Fisch, der darin gefangen werden soll. Für die kleinen Glasaale, die frisch aus dem Golfstrom in die Nordsee einschwimmen, gibt es keine Reusen. Sie sind noch so klein und dünn, daß sie sich überall durchquetschen können. Man braucht ein ganz besonderes Netz, um sie zu fangen. Als Otto, Olaf und Monika noch so klein waren, sind sie in manche Reuse geschwommen, ohne es überhaupt zu bemerken. Sie waren viel zu dünn für die Netze. Und so kommt es, daß sie zwar schon Reusen gesehen haben, trotzdem aber nicht wissen, was eine Reuse ist. Sie werden in diesem Jahr auch keine Reusen mehr kennenlernen.

Die ersten Tage in ihrer neuen Heimat begeistern Monika. Das Wasser ist kaum noch salzig, Ebbe und Flut sind nicht mehr zu spüren und es gibt so viele kleine Fischchen, daß sie schnell satt wird und mehr Zeit und Ruhe hat, im Schlamm zu liegen und zu verdauen. Für sie hat der Mond den richtigen Platz ausgesucht. Otto und Olaf dagegen sind zufrieden, aber nicht begeistert. Sie spüren schnell, daß sie hier leben könnten, und ebensoschnell, daß sie hier nicht leben wollen. Ihnen fehlt der Trubel des Meeres, die Wellen und die Gezeiten. Die kleinen Fischchen allerdings, die ihnen von Monika sehr schmackhaft gemacht werden, bis sie endlich welche probieren, sind eine Verlockung für sie. Immer häufiger findet sich zwischen Wurm und Krabbe, zwischen Schnecke und Mückenlarve ein kleiner Fisch in ihrem Magen. Auch Otto und Olaf entwickeln sich jetzt zu Raubaalen.

Für immer wollen sie dennoch nicht bleiben. Sie vermissen das Meer und wollen dorthin zurück. Und für diesen Fall hat der Mond auch gesorgt: Die dicke und stabile Holzwand, die das Grabensystem vom Meer trennt, ist nicht weit weg. Und im zweiten Anlauf entdecken sie darin ein Loch, dick genug für sie beide, durch das sie bequem ins Meer und zurück schwimmen können. Der Mond hatte recht, alles was sie lieben, finden sie in ihrer Nähe, es ist ein Platz für alle drei.

Wenn Otto und Olaf wieder einmal einen Ausflug ins Meer gemacht haben, meistens bleiben sie drei oder vier Nächte weg, treffen sie sich hinterher mit Monika in ihrer Lieblingshöhle und erzählen sich alles, was sie erlebt haben. Dafür jagen sie zunächst zusammen, damit auch jeder einen gut gefüllten Bauch hat und die Erzählungen nicht durch einen knurrenden Magen stört. Dann kuscheln sie sich in ihrer Höhle zusammen und reden lange. Wenn Menschen so lange reden, dann müssen sie Kerzen anzünden oder ein Licht einschalten, damit sie sich noch sehen können. Wenn Aale lange reden, dann wird es hell. Und wenn sie sehr lange reden, dann steht die Sonne hoch am Himmel, und eine Kerze würde nichts nützen. Manchmal reden die Aale so lange, daß sie die Sonne auf und wieder untergehen sehen und selbst dann ist noch nicht alles gesagt, und manchmal, das ist aber sehr selten, manchmal reden sie gar nicht, sondern freuen sich nur einer an dem anderen.

So vergeht den dreien die Zeit, und ehe sie es sich versehen, werden die Nächte lang, werden Luft und Wasser kalt und treiben die Aale in ihre wohlverdiente Winterruhe.

Ein Fußtritt am Morgen

Der Frühling beginnt mit einem großen Schrecken. Vorwitzige Surfer, von Kopf bis Fuß in eine wärmende Gummihaut gequetscht, sausen über den See, zu dem sich das Grabensystem der Aale erweitert. Immer schneller sausen sie von rechts nach links und von links nach rechts, bis es Wellen und Wind gemeinsam gelingt, einen von ihnen vom Brett zu werfen. Das Wasser ist flach, so flach, daß der Surfer gut stehen kann, und so schüttelt der sich nur einmal, steigt wieder auf sein Brett und saust weiter. Er hat gar nicht bemerkt, daß er Otto auf den Schwanz getreten ist, darum kann er sich auch nicht entschuldigen. Otto dagegen hat das sehr deutlich gespürt. Der Tritt hat ihm einen solchen Schrecken eingejagt, daß er sich nicht einmal überlegen konnte, ob er schon wach ist oder noch im Winterschlaf. Wie von einem gefräßigen Katzenhai verfolgt flieht Otto. Was für ein Erwachen! Von einem Fußtritt geweckt, am hellichten Tag, wo Aale Sommers wie Winters schlafen, rast Otto in voller Panik durch den See. Und wo er auch hinkommt, wo er auch versucht sich zu verkriechen, überall rauschen Surfbretter über ihm, überall ziehen deren Finnen sprudelnde Rinnen ins Wasser, in denen Wasserblasen Polka tanzen.

Otto ist noch so verschreckt, daß ihm sogar Wasserblasen zuviel Unruhe sind. Weiter flieht er, bis er endlich in die Gräben gelangt, in denen es für die Surfer zu eng ist.

Olaf und Monika haben mehr Glück. Der Fußtritt trifft sie nicht, sie spüren nur, daß da etwas war. Sie bemerken, wie Otto losschwimmt, aber sie sind zu träge, um ihm sofort zu folgen. Langsam wachen sie auf, graben sich aus dem Schlamm und blicken durch das frühlingsklare Wasser. Sie sehen die blasenwerfenden Finnen der Surfer so gut wie Otto, aber sie haben nicht denselben Fußtritt bekommen. Olaf und Monika freuen sich mehr an den Mustern, den lustigen Blasen, bis sie endlich verstehen, daß Otto geflohen ist.

Der Schreck, der einem nachträglich die Gräten aufrichtet und die Schuppen verdreht, hat die größte Wirkung. Wie gelähmt erstarren die beiden. Als sie sich wieder bewegen können, fehlt ihnen ein Plan. So schnell ist Otto verschwunden, daß sie nicht einmal sehen konnten, in welche Richtung er geflohen ist. Sollten sie ihn jetzt suchen, und er käme zurück, dann würde er ihr Versteck leer vorfinden. Und wenn sie ihn nicht suchen, dann wartet er vielleicht irgendwo auf ihre Hilfe. Es ist so schön für Freunde, Freunde zu haben. Sie sind nicht allein, wenn sie ein Problem lösen müssen und sie können sich einer auf den anderen verlassen. Olaf und Monika beschließen, daß einer Otto suchen wird und der andere in ihrem

Versteck warten. So müssen sie ihn finden, oder er sie. Sie wagen nicht zu denken, daß er verschwunden sein könnte.

Die Stärkere von beiden ist Monika. Sie kann schneller und länger schwimmen und sie muß sich weniger vor Raubfischen vorsehen, weil sie viel größer ist. Wären die beiden Menschen, wäre vermutlich Olaf auf die Suche gegangen. Denn bei den Menschen ist meistens der Mann der stärkere, derjenige, der die gefährlichen Sachen machen soll. Und ist der Mann einmal nicht der stärkere, was viel häufiger vorkommt, als man das glauben möchte, dann glaubt er eben nur, der stärkere zu sein und geht trotzdem.

Otto ist nicht neidisch oder eingebildet, er glaubt nicht, stärker zu sein, Otto ist stolz auf seine große und starke Freundin. Als der schreckliche Hamburger Hafen sie beinahe umgebracht hätte, hat sie ihre Freunde schon einmal gerettet, Olaf ist sich sicher, daß sie das wieder schaffen wird. Wenn jemand Otto finden kann, dann ist es Monika. Sie ist groß, stark und ausdauernd, sie kann gut riechen, sehen und lange, lange schwimmen. Sie muß weniger Angst vor Raubfischen haben, und sie ist die letzte, die aufgibt. Nicht aufzugeben ist das wichtigste bei einer solchen Suche, das macht wahre Stärke aus.

Es ist noch hell, keine Zeit für Aale, und das Wasser ist sehr kalt, trotzdem schwimmt Monika los, Olaf bleibt allein zurück und wartet. Zuerst ist er noch zuversichtlich, er sinkt sogar zurück in den Schlamm und döst ein bißchen. Mit geschlossenen Augen träumt er von seiner großen Freundin, wie sie zielsicher ihrer Nase folgt und Otto schon bald entdeckt. So wirklich ist sein Traum, daß er zur rechten Zeit wieder aufwacht, die Augen öffnet und nach Otto und Monika Ausschau hält. Keiner der beiden ist zu sehen.

Aale haben keine Uhr, und wenn einmal eine Uhr ins Wasser fällt, dann bleibt sie auch gleich stehen. Olaf weiß also nicht, wie lange genau Monika schon sucht, er kann das nur schätzen. Wenn man dringend auf etwas wartet, wenn man ungeduldig wird, vergeht die Zeit unendlich langsam. Dabei ist es egal, ob man auf das Ende einer Schulstunde, auf seinen Geburtstag oder auf die erste Liebe wartet, die Zeit geht nicht vorbei. Wer eine hat, sieht in jeder Minute einmal auf seine Uhr, wodurch sie aber auch nicht schneller geht. Olaf kann nicht auf eine Uhr sehen, aber er wird so ungeduldig, als könnte er. Immer wieder schwimmt er an die Wasseroberfläche, um endlich Otto und Monika zu entdecken, und immer wieder taucht er enttäuscht ab. Dieses Auf und Abtauchen ist für Olaf, was für uns der Sekundenzeiger einer Uhr ist. So wie Olaf immer wieder an der Wasseroberfläche erscheint, so rückt der Sekundenzeiger immer wieder auf die Zwölf vor, aber die Zeit vergeht trotzdem nicht.

Die Surfer ziehen weiter ihre blasensprudelnden Bahnen, die Sonne wandert unermüdlich in den Westen, nichts geschieht.

Ein heimlicher Gedanke schleicht sich in Olafs Hinterkopf und breitet sich von da aus: Wenn Monika nun etwas geschehen wäre, wenn sie seine Hilfe bräuchte, und er wartet hier und kann ihr nicht helfen. Aber wenn Monika Otto findet, aber Olaf nicht in seinem Versteck, dann würden Otto und Monika ihn suchen, und alles ginge wieder von vorne los. Olaf weiß, daß er bleiben und warten muß. Aus lauter Verzweiflung über diese Erkenntnis taucht er zweimal direkt nacheinander an die Wasseroberfläche und sieht doch niemanden. Zurück im Schlamm gräbt er sich so tief ein, daß er auch mit offenen Augen nichts sehen kann. Langsam schlägt sein Herz, jetzt ist dieses ihm der Sekundenzeiger, der die Zeit anzeigt, die doch nicht zu vergehen scheint. Olaf zählt zwanzig Herzschläge, dann noch einmal zwanzig. Erst wenn er zwanzig mal zwanzig Herzschläge gezählt hat, will er wieder auftauchen und Ausschau halten.

Otto ist nicht zu sehen, Monika ist nicht zu sehen, Olaf bleibt allein. Die Sonne ist weitergewandert, die Surfer haben das Wasser verlassen, quakend suchen die Enten sich einen Partner. Olaf muß doch etwas eingeschlafen sein, so spät wie es ist. Verschreckt malt er sich aus, daß Otto und Monika dagewesen sind, ihn aber in seinem Schlammbett nicht gefunden haben. Jetzt könnten sie ihn suchen. Wieder schwimmt er auf und ab, er riecht im Wasser, bis seine Nase verstopft, er kann seine Freunde weder riechen noch sehen. Ohne zu überlegen schwimmt Olaf in die Richtung, in der Monika verschwunden ist. Er schwimmt zehn Meter weit, er schwimmt hundert Meter weit und denkt dann doch nach. Nur hundert Meter weiter, und er könnte Monika nicht mehr sehen, wenn sie denn käme; nur hundert Meter weiter, und sie könnte ihn nicht mehr sehen, er wäre dann der Verlorene. Olaf schwimmt schnell zurück, bevor es zu spät ist. Monika ist nicht da, auch Otto fehlt.

In einiger Entfernung, durch den algengrünen Schleier ist nichts genau zu erkennen, entdeckt Olaf einen schwarzen Schatten. Dieser sieht einem Aal so ähnlich, Olaf glaubt so sicher, Monika erkannt zu haben, daß er nachsehen muß. So schnell er kann schwimmt er darauf zu und kreist dann doch nur um ein abgestorbenes Stück Wurzel, das träge im Wasser treibt. Ebensoschnell flitzt er zurück, damit er die Enttäuschung nicht so spürt. Nur kurze Zeit später sieht er wieder einen Schatten in fast derselben Richtung. Wieder rast er darauf zu, und wieder ist es die abgestorbene Wurzel. Die enttäuschte Hoffnung ist furchtbar, aber das schnelle Schwimmen, die Anstrengung tun Olaf gut. In der Anstrengung vergißt er das Warten. Bis ihm schwindlig wird rast er wie verrückt zwischen der Wurzel und seinem Versteck hin und her. Wenn ihn da jemand sehen könnte, aber es sieht ihn ja niemand.

Es ist Frühjahr. Olaf hat den ganzen Winter lang nichts gegessen, er ist brutal aus seinem Winterschlaf geweckt worden und seine Freunde sind weg. Sobald er nur ein bißchen langsamer schwimmt, fällt ihm alles wieder ein, dann schwimmt er wieder schneller. Bis zur Erschöpfung schwimmt er, bis er langsamer werden muß. Olaf gleicht jetzt eher einem Wolf im Käfig, der versuchen muß, die Weiten der sibirischen Tundra zwischen den Gitterstäben zu finden. Jetzt ist das ständige hin und her sein Sekundenzeiger. Noch zwanzig mal schwimmt er seine Runde, dann noch zwanzig mal zwanzig Runden, Monika und Otto zeigen sich nicht.

Olaf wird müde, sehr, sehr müde. Er ist hunderte Runden geschwommen, niemand ist gekommen. Er muß warten, kann aber nicht mehr warten, obwohl Geduld eigentlich ein Stärke von Aalen ist. Aus seinen Augenwinkeln sieht er die Wurzel, die er schon zweimal für Monika gehalten hat. Er müßte es besser wissen, er müßte wissen, daß er keinen Aal, sondern nur eine Wurzel sieht. Trotzdem rast er wieder los, als könnte er zusätzlich eine Goldmedaille gewinnen. Es ist wieder nur die Wurzel. Wenn Aale schleichen könnten, mit den Füßen auf dem Boden schlurfen, den Kopf hängen lassen, bis das Kinn den Bauchnabel berührt, dann würde Olaf das jetzt tun. Müde und ausgepumpt, vollkommen hoffnungslos, als würde er schon Wochen warten und nicht nur einen Tag, schleift Olaf seinen Bauch über die fauligen Blätter, die auf dem Grund liegen, bis er seine Schlammmkuhle, ihr Winterlager erreicht hat. Tief gräbt er sich ein und in seinen Träumen wechseln die glückliche, schwarze Stille der Sargossa-See und der dreckige, giftige Schlamm des Hamburger Hafens einander ab.

Als Olaf aufschreckt liegt er zwischen Otto und Monika. Spät in der Nacht, die Sonne malte schon hellblaue und rosarote Streifen in die Wolken, sind die beiden zurückgekommen. Ohne den Schlafenden zu wecken, haben sie sich still an ihn gedrückt und sind sofort eingeschlafen.

Ein Krabbenkutter

Am späten Nachmittag, die Sonne färbt den Horizont so feuerrot, als habe sie noch Farbe vom Morgen übrigbehalten, öffnen die drei ihre Augen. Kein Surfer stört ihre Ruhe, kein Fuß tritt sie aus ihrem Lager, gemütlich können sie in ihr neues Jahr blicken. Monika, deren Magen lauter knurrt als ein Außenbordmotor im Leerlauf, legt ihren Speiseplan für den ersten Tag fest. Spaßeshalber streitet sie mit Olaf, ob man erst einen Wurm und dann einen Stichling essen solle, oder umgekehrt. Aus dem Spaß wird eine ernsthafte Diskussion, die auch nach Sonnenuntergang noch anhält. Bis es Otto zu viel wird. Er schwimmt los, um nicht mehr über Essen reden zu müssen, sondern sich selbst etwas fangen zu können. Sofort folgen ihm seine Freunde und endlich beginnt das alljährliche Frühjahrsfressen.

An einen Speiseplan hält sich niemand, nicht einmal Monika, die sich doch so viel Gedanken darüber gemacht hat. Schlammschnecken und Flohkrebse, Würmer und Stichlinge, Krabben und Grundeln, alles was eßbar aussieht, was gut riecht und sich fangen läßt wandert in die ausgehungerten Mägen der Aale, die bis zum frühen Morgen fressen und sich dann zufrieden in den Schlamm sinken lassen. Für sie kann das Jahr jetzt beginnen.

Man kann nicht sagen, daß Monika dieses Gefühl wieder erwartet hat, aber als es sie dann überfällt, überrascht es sie nicht. Jeder Blick auf einen laichenden Fisch erzeugt ein hohles Gefühl in ihr, der Hochzeitstanz eines Stichlings verwirrt sie völlig und die Erinnerung an die Aalmutter raubt ihr jede Ruhe. Eierlegende Schnecken ißt sie besonders gerne, und kein Gefühl hindert sie daran. Ein Kaulbarsch auf der Suche nach einem Weibchen läßt sie zögern. Weil Kaulbarsche zu ihren Lieblingsfischen gehören, frißt sie ihn trotzdem. Aber dann den Verursacher des Gefühls, des Ziehens im Magen, im Magen selbst zu haben, verdirbt ihr jeden weiteren Appetit. Ein schillernder Stichling mit stolz roter Brust, mit blau und grün glänzendem Rücken, der sein Nest schon gebaut hat und nun Weibchen anlockt, bringt sie vollkommen aus der Fassung. Ruhelos streift sie durch die Gräben und wartet darauf, daß etwas geschieht. Irgendetwas, sie hat keine Vorstellung davon, irgendetwas muß einfach geschehen.

Ihre Freunde spüren diese Verunsicherung, diese Unruhe, können sie sich aber nicht erklären. Derselbe Stichling, der Monika verwirrt, den sie nicht fressen kann, läßt Olaf das Wasser im Mund verlaufen. Ein schneller Happs, bevor der Stichling seine Stacheln aufstellen kann, ist er in Olafs Bauch verschwunden. Monikas Protest kommt zu spät und es ist sehr fraglich, ob Olaf auf ihn gehört hätte. Er versteht ihn auch nicht. Stichlinge waren immer auch ihre Lieblingsfische, warum sollten sie auf einmal keine mehr essen? Und das kann Monika nicht erklären. Ihr vages Frühlingsgefühl, die Faszination von neu entstehendem Leben, diese Sehnsucht, ein Teil davon zu werden sind für Otto und Olaf nicht Erklärung genug. Noch können sie das nicht verstehen. Ihre Sorgen werden allerdings kleiner, als sie Monika essen sehen. Keine männlichen Stichlinge zwar, die mit ihren Farben Paarungsbereitschaft signalisieren, aber dafür die weiblichen, und Schnecken und Würmer in Mengen. Ohne diese Sorgen um ihre Freundin erlauben sich Otto und Olaf ihren ersten Ausflug ins Meer.

Das Loch in der Holzwand scheint noch größer geworden zu sein, mühelos drängen sich die beiden in die Eider und lassen sich von da in die Nordsee treiben. Dies ist ihr eigener, ihr ganz persönlicher Frühling, hier beginnt ihr Leben, hier beginnt ihr großes Frühjahrsfressen.

Wenn Menschen ein zweites Frühstück zu sich nehmen, ist das meistens ein kleines Fest. Sie nehmen sich viel Zeit, der Tisch wird reich gedeckt, auch mit Dingen, die es sonst niemals zum Frühstück gibt, und alle sind fröhlich, entspannt und plaudern viel. Otto und Olaf machen das nicht anders. Sie machen sich auf alles aufmerksam, sie bieten sich gegenseitig Leckerbissen an, sie würden sich sogar zuprosten, wenn sie nur etwas trinken würden, aber Aale trinken nebenbei. Als der Tag kommt und sie in ein Versteck ruft, haben sie noch nicht genug gefressen, haben sie noch nicht genug gesehen, kurz, wollen sie noch nicht zurück. Sie finden einen Haufen Steine, zwischen denen sich Schlick abgelagert hat, ein ideales Aalversteck für den Tag. Auch in der nächsten Nacht wollen sie ihren Ausflug noch nicht beenden. Monika haben sie vor ihrem Aufbruch gesagt, daß sie länger wegbleiben wollten, sie tollen, toben und fressen in der Nacht und bleiben tagsüber zwischen den Steinen.

Und wie gut ihnen das Meer tut. Die Gezeiten bringen ständig Veränderungen, spülen sie durch die Priele, die Wellen spielen mit ihnen, wirbeln sie beide durch und scheiden den Sand von den Würmern; das Salz kribbelt so angenehm auf der Haut, daß beide ein bißchen schneller wachsen.

Ein besonderer Priel bringt sie bei Ebbe in ein Feld voller Krabben. Otto hat dieses Feld entdeckt und Olaf am nächsten Abend dorthin geführt. Die ganze Nacht jagen die beiden Krabben, als gäbe es bald keine mehr. Dabei ist das Feld so groß und so voller Krabben, daß hundert Aale in hundert Tagen sie nicht aufessen könnten. Aber wer weiß nicht, daß ein Lieblingsessen dazu verleitet viel mehr zu essen, als man kann. Im Morgengrauen haben beide einen Kugelbauch und können sich kaum noch bewegen. Zufrieden liegen sie zwischen den Krabben, die jetzt keine Angst mehr vor den dickbäuchigen, unbeweglichen Aalen haben müssen. In der Ruhe nach dem Fressen räkeln sich Otto und Olaf, stolz auf den dicksten Bauch ihres Lebens, da hören sie ein leises Rumpeln immer lauter werden. Leicht beginnt der Meeresboden zu erzittern, unter den Krabben bricht eine Panik aus. Wildgeworden springen sie durcheinander, ohne zu wissen, in welche Richtung sie fliehen müssen. Otto und Olaf lassen sich von dieser Unruhe anstecken. Viel zu träge noch, versuchen sie in ihren Priel zu kommen, der sie zurück in ihr Versteck bringen soll. Das Rumpeln wird lauter, der Boden zittert jetzt richtig und die Aale spüren Vibrationen im Wasser, die von einem großen Dieselmotor stammen. Jetzt wollen sie sich beeilen, aber ihr Kugelbauch hindert sie. So wie man mit einem Spiegelei im Magen keinen Tausendmeterlauf machen kann, so kann ein Aal nach hundert Krabben nicht mehr schnell schwimmen.

Im sonst so ruhigen Watt ist der Teufel los. Der Lärm wird ohrenbetäubend, der Boden wackelt, es rumpelt, als würde die Welt untergehen. Das Schiff ist jetzt direkt über ihnen. Mit langen, schweren Eisenketten wühlt es den Boden auf, reißt alles aus und wirbelt es ins Wasser. Über den Eisenketten zieht es ein Netz, das alles einfängt, was die Eisenketten aufgetrieben haben. Ehe sie es sich versehen hängen Otto und Olaf mit tausenden Krabben im Netz. Unter sich die lärmenden Ketten, über sich das laute und bedrohliche Schiff und hinter sich das Netz, das so schnell durch das Wasser gezogen wird, daß keine Krabbe sich befreien kann. In ihrer ersten Panik wissen Otto und Olaf nicht, was sie tun können. Ihre Bäuche sind so voll, daß sie einfach nicht schneller schwimmen können. Haben sie sich nur ein bißchen vom Netz entfernt, werden sie wieder langsamer und vom Netz eingeholt. Versuchen sie sich im Boden zu verstecken, wühlen die Ketten sie wieder auf. Es scheint kein Entrinnen zu geben.

Das Rumpeln auf dem Meeresboden hört auf, die Fischer beginnen das Netz einzuholen. Jetzt wird es gefährlich für die Aale, denn sie sind schon zu groß, um wieder ins Meer geworfen zu werden. Trotzdem werden die beiden ruhig. Weil der Lärm von unten aufgehört hat, weil auch das Boot über ihnen nur noch im Leerlauf dümpelt, können sie endlich nachdenken. Gleichzeitig haben beide die rettende Idee, zur Seite zu schwimmen. So schnell sie können, und das ist überhaupt nicht schnell, tragen sie ihre Kugelbäuche an den Rand des Netzes und schlüpfen gerade noch so zurück ins Meer, bevor das Netz ganz zugezogen wird.

Der Meeresboden sieht schrecklich aus. Eine breite Spur der Verwüstung zieht sich durch das Watt. Pflanzen liegen entwurzelt auf der Seite, Muscheln sind zerschlagen und zerstreut, statt in großen, geordneten Haufen zu liegen. Tiefe Furchen im ansonsten glatten Meeresboden zeigen ausgegrabene und zerquetschte Würmer in der Spur des Kutters.

Dankbar sich endlich verstecken zu können, sinken die Aale in eine der Furchen, um sich von Schreck und Anstrengung zu erholen. Jetzt verfluchen sie ihre nicht zu bremsende Freßlust, ihren vollen Magen, der sie am schnellen Schwimmen gehindert hat. Es sei zwar alles glücklich überstanden, so trösten sie sich, aber sie beschließen auch, nie wieder so viel zu fressen. Mit der Schwanzspitze werfen sie etwas Schlick über sich, damit sie den Tag unentdeckt in der Furche verbringen können.

Zum Glück schlafen sie nicht sofort ein. Der Krabbenkutter wirft sein Netz erneut aus und entfernt sich mit seinem Donnergetöse. Gleichzeitig kommt aus der anderen Richtung ein ganzer Schwarm unterschiedlicher Fische, die begeistert alles fressen, was sie Ketten aufgewühlt haben. Es kommen Sandaale, die eine ähnliche Figur wie Otto und Olaf haben, nur andere Schuppen und ein anderes Maul. Sie fressen Würmer und die Krabben, die durch das Netz geschlüpft sind. Furchterregend sieht der ihnen folgende Seewolf aus, mit seinen Zähnen, die zwischen den Lippen vorstehen. Er frißt Muscheln, Krebse und Krabben, die er mit seinen starken Zähnen zerquetscht, als wären sie aus Marzipan. Die von den Eisenketten zerquetschten Muscheln nimmt er aber lieber, denn da muß er nur noch essen. Es kommen Schollen und Flundern, deren liebstes, die Borstenwürmer, sich wie auf einem Tablett drehen und wenden. Und langsam kriechen die Taschenkrebse hinterher, die alles aufsammeln, was die anderen liegenlassen haben. Nach zwei Stunden haben die Tiere aufgeräumt, zurück bleibt eine leblose Wüste, in deren Mitte Otto und Olaf ihre Tagruhe halten.

Endlich Erwachsen

Dieses Erlebnis wirkt noch lange in ihnen. Sofort nach ihrer Rückkehr erzählen sie Monika davon, und gemeinsam versuchen sie eine Lehre daraus zu ziehen. Nie wieder wollen sie so viel essen, daß sie nicht mehr schnell schwimmen können. Alle drei versprechen sich das, aber natürlich kann sich keiner daran halten. Wann immer es etwas leckeres im Übermaß gibt, schlagen sie sich den Bauch voll. Seufzend liegen sie anschließend nebeneinander, sagen sich dann, daß sie das doch nicht mehr tun wollten und daß es sicher gut gehen würde. Sie haben auch gelernt, daß ein Aal rückwärts und zur Seite schwimmen muß, wenn er sich aus einem Netz befreien will. Das merken sie sich gut und beherzigen es auch, sie werden diesen Trick bald anwenden müssen. Und sie wissen jetzt, daß es viel zu fressen gibt, wenn ein Krabbenkutter die See durchwühlt hat. Das möchte sogar Monika probieren. Beim nächsten Ausflug ins Meer will sie mitschwimmen.

Auch Monika hat etwas neues entdeckt. Im Morgengrauen, wenn sie längst ruhen will und nur noch von ihrem Hunger abgehalten wird, hat sie manches Mal viele kleine Schwimmfüße nach einem Paar größeren gesehen. Von ihrem Hunger getrieben hat sie versucht, ein kleines Paar zu fangen. Plötzlich fingen die Füße an zu quietschen und eine Ente tauchte direkt neben sie, um sie wütend und unwiderstehlich zu attackieren. Monika mußte ihre Beute schwimmen lassen, so rabiat wurde die Ente.

Beim nächsten Mal war sie schlauer und hungriger. Der Hunger hat sie getrieben, die Erfahrung ließ sie nach dem letzten kleinen Paar Füße greifen. Ehe die Ente bemerkt hat, was geschehen ist, war Monika mit dem Küken auf und davon. Ein einziges Entenküken hat ihren Hunger für den ganzen Tag gestillt. Danach beginnt Monika sich für alles zu interessieren, was so im Wasser schwimmt. Jetzt greift sie auch Frösche an und kleine Mäuse, die ihr in diesem Jahr aber noch zu groß sind. Im nächsten Jahr, dann über achtzig Zentimeter lang, wird sie auch Frösche und Mäuse fressen, so wie Entenküken und immer größere Fische. Monika wird der Schrecken der Gräben.

Otto und Olaf werden in diesem Jahr einen halben Meter lang. Sie sind damit endlich auch erwachsene Aale, so mancher Aal wird in seinem Leben nicht länger. Jeden Abend versuchten die beiden sich zwischen den Erwachsenensteinen. Ganz in der Nähe ihres Verstecks stehen zwei Steine im Abstand von genau fünfzig Zentimetern. Die Aale wissen natürlich nicht, daß es genau ein halber Meter ist, zum Erwachsenenstein sind die beiden aus einem anderen Grund geworden: Eines Abends sagte ihre große Freundin Monika, die längst erwachsen war, zu ihnen: „Wenn ihr zwischen diesen Steinen schwimmt, mit der Schnauze an dem einen und mit der Schwanzspitze dann den anderen Stein berühren könnt, dann seid ihr erwachsen." Es war für Monika keine Schwierigkeit, den beiden vorzuführen, was diese seitdem an jedem Abend direkt nach dem Aufstehen versuchen.

Monatelang versuchten die beiden das jeden Abend, aber so sehr sie sich auch streckten, nie reichte die

Schwanzflosse an den Zweiten Stein. Bis dann eines Abends, nach einem unruhigen Tag und mit viel schlechter Laune, Otto mehr aus Gewohnheit als mit Mut zwischen die Steine schwimmt. Seine schlechte Laune verströmt im Augenblick. Als hätte jemand den Schlechte-Laune-Stöpsel aus dem See gezogen und einen Sack Freude hineingeschüttet, tanzt Otto so plötzlich durchs Wasser, daß seine Freunde kerzengerade darin stehen. Als erster reagiert Olaf . Er weiß einfach, daß Otto der zweiten Stein berührt hat und versucht es sofort selbst. In seinem Leben ist er niemals größer oder kleiner als Otto gewesen, er will nicht noch klein sein, wenn Otto schon erwachsen ist. Sekunden später jubilieren sie gemeinsam, sie sind beide zur gleichen Zeit erwachsen geworden.

Nun bedeutet es für einen Aal wenig, erwachsen zu werden. Aale wählen keine Regierung, sie fahren kein Auto und haben keine Eltern, die ihnen etwas verbieten wollen. Der einzige Grund ist ein unbestimmtes Sehnen, ein Gefühl, daß noch etwas ganz besonderes geschehen wird, und zwar erst, wenn sie erwachsen sind. Noch geschieht es nicht, es ist auch Monika noch nicht geschehen, die ja längst erwachsen ist, aber vielleicht geschieht es bald, denn jetzt sind alle drei erwachsen.

Für diese Nacht beschließen die beiden einen Ausflug ins Meer. Monika, die sich sehr mit ihren Freunden gefreut hat, winkt ab, sie will in den Gräben jagen und einige ruhige Nächte verbringen, Otto und Olaf quetschen sich allein durch die Holzwand. Schon auf dem Weg schmieden sie Pläne. Diese Mal hoffen sie auf Wind und Wellen. Zwar sind sie erwachsen, aber wie kleine Kinder freuen sie sich darauf, von den Wellen durchgeschüttelt zu werden. Nach dem Wellenreiten wollen sie sich satt essen und danach ausruhen. Das ist nicht viel Plan für eine ganze Nacht, wer aber schon einmal Aale in den Wellen beobachtet hat, der weiß, wie lange sie daran Spaß haben. Es reicht ihnen auch eine Nacht nicht. In der zweiten Nacht, die sie wieder in den Wellen verbringen, bis sie ihren Magen nicht überhören können, hören sie das ihnen vertraute Geräusch eines Krabbenkutters. Das laute Rumpeln, der zerfurchte Meeresboden und die großen undurchdringlichen Netze, nichts davon schockt die beiden noch. Sie freuen sich sogar auf den zerstörten Boden, weil sie da mehr Futter finden, als sie in ihrem ganzen Leben werden essen können. Ohne ein weiteres Wort schwimmen sie dem Krach entgegen. Erst als es sehr laut wird werden sie langsam und vorsichtig, denn wer sich einem Krabbenkutter aus der falschen Richtung nähert, der endet im Netz, das wissen beide aus eigener Erfahrung. Otto und Olaf können den Krabbenkutter riechen, sie können ihn hören und sie können seine Geräusche sogar spüren, es ist also nicht schwer für sie, auf die richtige Seite des Netzes zu schwimmen. Dort reihen sie sich ein in die Horde naschender Fische, die dem Netz so sicher folgen, wie ein voller Bauch einem Pfannkuchenessen.

Otto wird niemals begreifen, warum er sich von diesem Festmahl hat ablenken lassen. Der Boden vor ihm ist voll zerbrochener Muscheln, zappelnder Krabben und aufgescheuchter Fischchen, er müßte nur zuschnappen. Stattdessen sieht er in das Netz, das die Fischer gerade aufnehmen. Die vielen

Krabben darin sind rettungslos verloren, auch für Otto, der diese nicht mehr essen kann. Mancher Aal wäre traurig darüber, nicht so Otto. Er sieht in das Netz und nimmt die Krabben gar nicht wahr, er sieht Aale. Viele sich windende Aale, die sich nicht aus dem Netz befreien können, und er sieht Monika zwischen ihnen. Olaf reagiert zunächst verständnislos. Wie sollte er auch etwas anderes sehen als Krabben, es ist ja nichts anderes im Netz. Otto sieht einen Traum. Wie ein Wahrsager in einer Kristallkugel die Zukunft eines Menschen sehen kann, so sieht Otto, nicht was in der Zukunft, sondern was an einem anderen Ort geschieht.

Olaf und Otto sind so gute Freunde, daß einer dem anderen glaubt. Und beide lieben Monika so sehr, daß sie eine Gefahr spüren, in der sie schwebt, Otto hat sie sogar gesehen. Das Festmahl ist für die beiden beendet, noch bevor es richtig angefangen hat. Ohne sich zu bedenken oder einen besseren Zeitpunkt abzuwarten, sausen sie durch das Meer und beruhigen sich noch nicht, als sie endlich die Eider erreichen. In unverminderter Geschwindigkeit, vielleicht sogar noch schneller, schwimmen sie zur trennenden Holzwand und schlüpfen durch das Loch. Was nun? Die Gräben sind lang, der davor liegende See groß, wie sollen sie Monika finden? Wie sollen sie Monika sehr schnell finden, denn Otto hat größte Gefahr gesehen. Sie können sich nicht entschließen, getrennt zu suchen. Dadurch würden sie Monika zwar vielleicht schneller finden, aber dann wäre einer allein mit ihr. Zusammen schwimmen sie los, in großen Bögen kreisen sie durch den See, voll Aufregung und banger Hoffnung.

In der Nacht zuvor ist Monika auf die Jagd gegangen, wie sie das in jeder Nacht tut. Bis weit nach Mitternacht hat sie erst einen kleinen Kaulbarsch gefangen, noch hungrig und unruhig suchte sie ihr Revier nach Nahrung ab. Nicht ein Fischschwanz war zu sehen. Immer weiter zog sie ihre Kreise, bis in Gegenden, in denen sie selten jagte und sich entsprechend wenig auskannte. Deswegen schöpfte sie auch keinen Verdacht, als sie mit ihrem Kopf an ein Netz stieß. Rechts oder links daran vorbei, darüber oder darunter, leider entschied sich Monika, rechts daran vorbeizuschwimmen. Ohne daß sie etwas davon bemerkte, verengte sich das Netz zu einem Trichter mit nur kleinem Durchlaß. Monika schwamm durch diesen Trichter in den ersten Käfig, und in diesem leitete ein weiterer Trichter sie in den nächsten Käfig. Der Ausgang, der Weg zurück war für sie nicht zu finden, und so schwamm sie durch fünf Käfige bis in den letzten. Aus diesem letzten Käfig versuchte sie vergeblich einen Ausgang zu finden. Zusammen mit einem Knäuel anderer Aale wand sie sich erfolglos.

Man könnte sagen, wie dumm von den Aalen, es gibt doch einen Ausgang. Dabei ist es für Aale so, wie für einen Menschen mit verbundenen Augen in einem Zimmer, dessen einziger Ausgang eine Treppe in der Mitte des Raumes ist. Blind würde der Mensch sich an den Wänden des Raumes entlang tasten und niemals den einen Ausgang in der Mitte finden.

Monika wand sich in Panik bis sie resignierte wie die anderen gefangenen Aale und schicksalsergeben auf den Boden sank. Nach dem Kampf, dem Versuch, einen Ausgang zu finden und nach der Resignation kam dann die Angst. Eine Angst, die sich langsam einschlich und sich im ganzen Körper ausbreitete, Angst, die Monika nicht loswerden konnte, nicht in diesem engen Netzkäfig.

Diese Angst riechen Otto und Olaf. Nur zwei können besser riechen als ein Aal, und das sind zwei Aale, die ihre Freundin dringender finden wollen, als ein Rüde ein läufige Hündin. Nur der Hauch von Monikas Angstgeruch reicht für die feinen Nasen, die sofort in die richtige Richtung drängen. Wie gut Aale einem Geruch folgen können, das haben die drei schon häufig gezeigt, unfehlbar lassen sie sich von dem Geruch zu Monika leiten.

Dies ist das erste Wiedersehen der drei, bei dem sie sich nicht umschlingen können, weil ein störendes Netz sie trennt. Erstaunt untersuchen die Neuankömmlinge dieses eigenartige Gebilde, dessen Zweck sie nicht verstehen. Immer gewarnt von Monika, die lieber allein im Käfig verhungern möchte, als einen ihrer Freunde mitgefangen zu sehen, schnuppern und tasten sich Otto und Olaf rundherum, bis es Olaf wieder einfällt:

„Erinnert ihr euch noch an den Mond? Die Menschen dort fangen Aale in Reusen, hat er gesagt. Monika ist von einer Reuse gefangen worden."

Olaf hat recht, Monika steckt in einer Reuse, nur kann eine Reuse keine Aale fangen. Eine Reuse liegt einfach nur da und wartet darauf, daß Aale sich in ihr verirren. Sie schwimmen hinein und finden nicht wieder hinaus. Allerdings findet nur ein Aal alleine, nur ein Aal ohne Freunde nicht wieder hinaus.

Otto schwimmt in die Nähe des Eingangs zur Reuse und hält sich mit seinem Schwanz an einer Wurzel, so fest er kann. Mit seinem Kopf reicht er in die Reuse hinein, nur nicht so tief, wie Monika drin steckt. Olaf kommt dazu und hält seinen Schwanz so, daß Otto hineinbeißen kann.

„Unter gar keinen Umständen darfst du mich loslassen. Wenn du mich verlierst, lande ich bei Monika, und du bleibst allein zurück."

Otto weiß, wie ernst die Lage ist. Er weiß nicht, wie eilig sie es haben, denn er hört den Fischer noch nicht, der kommt, um die Reuse zu leeren. Keiner der drei weiß, wie wenig Zeit sie nur noch haben, alle sind erleichtert, sich wiedergefunden zu haben, und alle sind froh, daß Olaf einen Plan hat.

Otto hält sich an der Wurzel fest und Otto hält Olaf fest, so fest, daß sich kleine Blutströpfchen im Wasser verteilen. Olaf schwimmt langsam und vorsichtig in die Reuse. Er ist froh über den Schmerz in seinem Schwanz, denn darin liegt seine Sicherheit. Noch könnte er jederzeit zurück, noch schwimmt er nur an Netzen vorbei, aber noch hat er auch Monika nicht gefunden. Olaf ist schon durch vier der fünf Käfige geschwommen, da fällt der Anker des Fischers neben Otto auf den Grund. Vor Schreck hätte dieser fast Olaf losgelassen, aber es ist nur ein Anker, noch ist es nur ein Schreck.

Im nächsten Moment kann Olaf Monika berühren. Verrückt vor Freude tastet sie sich an ihm entlang in die Freiheit. Aber nicht genug damit, Olaf berührt auch alle anderen Aale und erklärt ihnen, wie sie zurück in die Freiheit finden. Zehn Aale, einer nach dem anderen tasten sich so aus der Reuse, der zehnte ist gerade an Olafs Kopf vorbei, da zieht der Fischer die Reuse auf sein Boot.

Mit noch mehr Angst als vorher sieht Monika die Reuse aus dem Wasser steigen, und sie sieht Olaf, der mit dem Kopf noch so tief darin steckt. Otto hält Olaf so fest er kann, aber der Fischer ist so viel stärker. Da zögert der Fischer nur für einen kurzen Moment, weil er sich wundert, daß die Reuse so schwer zu ziehen ist. In diesem kurzen Moment freut er sich auf die vielen Aale in der Reuse, denn warum sonst sollte sie so schwer sein, und in diesem kurzen Moment zieht Otto Olaf aus der Reuse.

Erleichtert trollen sich die Aale, während der Fischer verwundert ein leere Reuse in seinen Händen hält.

In einer Reuse gefangen

Wie schnell Aale wachsen, hängt hauptsächlich von ihrer Ernährung ab. Monika, die schon früh damit begonnen hat, kleinere und dann größere Fische zu essen, ist schneller gewachsen und größer geworden als ihre Freunde. Otto und Olaf haben immer dasselbe gegessen, sie haben meistens zusammen gejagt und alles geteilt, so sehr haben sie gleichviel gegessen, daß sie am gleichen Tag erwachsen wurden. Mit dem Erlebnis in der Reuse ändert sich das. Olaf ist derjenige gewesen, der in die Reuse eingeschwommen ist, und er hat dabei genau gesehen, wie eine Reuse funktioniert. Und noch etwas hat er gesehen: Neben den Aalen, die er aus der Reuse gerettet hat, hat er auch viele kleine Kaulbarsche und Grundeln entdeckt. Schon während Monikas Rettung fühlte er sich versucht, einen Kaulbarsch zu naschen, aber da war Monika wichtiger. Nach der Rettung, in sicherer Entfernung von der Reuse, nachdem die drei sich versprochen haben, hoch und heilig versprochen haben, aus jedem Netz rückwärts herauszuschwimmen und niemals mehr in eine Reuse zu geraten, hofft Olaf insgeheim, wieder eine Reuse zu finden. Und da Menschen gerne Aale essen, dauert es auch nicht lange, bis er tatsächlich eine findet.

Das Netz, gegen das er schwimmt, macht ihn hellwach. Er weiß, daß er jetzt keinen Fehler machen darf, und welche Belohnung ihm winkt, wenn er keinen Fehler macht. Vorsichtig nähert er sich dem Eingang zur Reuse, mit seinem Schwanz tastet er immer wieder nach der Freiheit. Als er den Eingang findet, hakt er seinen Schwanz in das Netz. Solange er dort nicht losläßt, wird er immer zurück in die Freiheit finden. Dann schwimmt er in die erste Kammer ein. In dieser Kammer wird es nicht dunkler, es wird nicht leiser, wie etwa hinter dicken Gefängnismauern, und doch spürt Olaf, daß er in diesem Käfig eingesperrt wäre. Fast bekommt er es doch mit seiner Angst zu tun, er will schon aus der Reuse fliehen, da entdeckt er, was er vorher nur gerochen hat: Ein Kaulbarsch hat sich im Netz verhakt und zappelt müde vor sich hin. Genau das hat Olaf erhofft. Mit einem Biß greift er sich die Beute, mit einem Ruck löst er den Fisch aus dem Netz und rückwärts schwimmt er in die Freiheit. Genüßlich läßt er den Kaulbarsch durch seine Kehle rutschen, erfreut spürt er seinen vollen Magen. Zufrieden sinkt er in den Schlamm, um in aller Ruhe verdauen zu können.

Fünfmal hat Olaf schon in einer Reuse geräubert. Ganz allmählich wird er größer als Otto, und in seinem Stolz vergleicht er sich immer wieder. Auch sein Maul wird breiter. Noch nicht offensichtlich, die beiden bemerken das nicht, aber ein Wissenschaftler mit einem Mikroskop könnte das schon sehen. In seiner Verwunderung wird Otto neugierig. Ein bißchen ist er auch neidisch auf Olafs Größe und so fragt er ihn aus, bis Olaf seine Reusenräuberei gesteht. Zu dritt suchen sie eine Reuse, an der Olaf ihnen zeigt, wie er darin räubert.

Als erstes schwimmt er so tief hinein, daß er alle Aale aus der Reuse befreien kann. Das hat er sich zur großen Verwunderung des Fischers angewöhnt, der anfängt zu glauben, daß es keine Aale mehr gibt. Aber diese gute Tat nützt ihm zunächst nichts, so wenig wie die Geschenke, die er aus der Reuse schleppt. Eine Grundel für Otto und zwei Stichlinge für Monika besänftigen die beiden nicht. Mit großer Wut, die ihrer großen Angst entspringt, lassen sie ihre Geschenke schwimmen und beginnen Olaf zu beschimpfen. Dieser kommt gar nicht dazu, sich zu verteidigen, ohne Pause bestürmt ihn Monika. Und wenn sie doch einen Moment innehält, dann redet Otto weiter. Otto ist nicht so schockiert wie Monika, er war ja auch nicht eingesperrt, Otto ahnt mehr, was geschehen könnte und kleidet das in vernünftige Worte.

Es ist schwer zu sagen, wer von den beiden Olaf mehr bedrückt: Monika, die einfach schimpft, ohne auf vernünftige Gründe zu achten, die Olaf auch nicht überzeugen will, sondern mit jedem Mittel von den Reusen fernhalten. Die sich nicht einmal scheut, ihm das Ende ihrer Freundschaft anzudrohen, sollte sie ihn je wieder in einer Reuse entdecken. Oder Otto, der ihm in aller Ruhe die drohenden Gefahren schildert, der ihm sagt, wie wenig ein Kaulbarsch oder sogar ein Stichlingsschwarm wert ist, gegen das eigene Leben.

Beide bestürmen jedenfalls Olaf, bis der sich verstockt versteckt und kein Wort mehr durch seine Ohren dringen läßt. Monika schimpft noch weiter, bis sie bemerkt, daß Olaf sie nicht mehr hört und noch ein bißchen weiter, bis sie nicht mehr schimpfen kann. Danach zieht sie sich an ihren Lieblingsplatz zurück, dahin, wo sie auch ihre Freunde erwartet, wenn diese von einem Ausflug ins Meer zurückkehren. Auch Otto hat aufgehört zu reden, als Olaf ihn nicht mehr hören wollte. Otto will Olaf ja überzeugen, und man kann jemanden nicht überzeugen, wenn der nicht zuhört. Auch Otto läßt Olaf dann allein. Er kann es nicht ertragen, Olaf nicht überzeugen zu können, er kann den schweigenden und verstockten Olaf nicht ertragen, also verschwindet auch er.

Olaf bleibt allein zurück. Der Stichling in seinem Bauch fühlt sich schlecht an, er drückt, und immer wieder steigen Magensäfte auf und versäuern sein Maul. Er war so stolz darauf, die Reusen überlistet zu haben. Er konnte Aale befreien und so viel Fisch fressen wie er nur wollte, ohne sich dafür anstrengen zu müssen. Monika jagte manchmal eine ganze Nacht, ohne auch nur einen Fisch zu fangen, die Fische in der Reuse mußte er nur einsammeln. Ein bißchen konnte er sie ja verstehen, sie war schließlich in der Reuse gefangen. Aber warum verstand sie ihn nicht? In ihrem Zorn hat sie ihm angedroht, ihm nicht aus einer Reuse zu helfen, wenn er je in einer gefangen sein sollte, sie wollte überhaupt nicht mehr seine Freundin sein, wenn sie ihn noch einmal an einer Reuse erwischen würde. Olaf denkt nicht an

Gefahr von einer Reuse. Wer Reusen nicht kennt, für den sind sie gefährlich, aber doch nicht für ihn. Der immer vorsichtige Otto war weniger zornig, aber auch er hat ihm unmißverständlich klargemacht, daß Reusen Aalfallen und keine Futterstellen sind.

Die Zeit heilt alle Wunden, so sagt man und hat doch nicht recht damit. Nach diesem Streit sehen sich die Aale erst einmal nicht, und keiner ist glücklich darüber. Wenn Otto und Monika sich treffen, dann erinnert sich Otto an Monikas großen Zorn, der Olaf vertrieben hat, und Monika erinnert sich, wie wenig sie von Otto unterstützt worden ist. Olaf hat sich von allen Aalen zurückgezogen, nur hin und wieder räubert er eine Reuse aus, nicht ohne vorher alle Aale befreit zu haben. Die Wunden des Streits aber heilen nicht, sie schmerzen nur etwas weniger.

Was ist das für eine Freundschaft gewesen, so könnte man fragen, die einen solchen Streit nicht aushält. Können sie sich wirklich geliebt haben, wenn sie sich so schnell aus dem Wege gehen? Und die Antwort wäre klar: Nein, eine große Liebe kann es dann nicht gewesen sein, und auch keine besondere Freundschaft. Aber wenn sie sich auch nicht sehen, sie sehnen sich nach einander. Es vergeht kein Tag, an dem sie nicht an die anderen denken, keine Stunde, in der sie sich nicht einsam fühlen. Im Herbst wird die Einsamkeit größer. Die Tage werden wieder kürzer, die Nächte länger und immer drängender die Gedanken an die entfernten Freunde. Instinktiv hält jeder der drei nach einem Versteck für den Winter Ausschau, aber vor jedem möglichen Versteck schrecken sie zurück, weil sie den Winter nicht allein verbringen wollen.

In einem Versteck, das auch für den ganzen Winter taugen würde, verbringt Olaf einmal einen Tag. Am ganzen Leib zitternd wacht er auf, als müßte er den Winter allein in diesem Lager verbringen. Verstört schwimmt er durch den Abend und trifft zufällig auf eine Reuse. Er hat keinen Hunger, auch wenn er schon länger nichts gegessen hat, der Tag in diesem Versteck hat ihm den Appetit verdorben. Aber er sieht Aale in der Reuse. Traurig sehen sie nach draußen, verzweifelt riechen sie die Freiheit, sie haben sich aufgegeben. Am Eingang in die Reuse hakt Olaf seinen Schwanz ein, so wie er es immer tut. Die kleinen Fische läßt er in Ruhe, er will ja nur die Aale befreien. Danach wird er vielleicht doch einen Stichling fangen, der Gedanke an eine gute Tat bringt ihm etwas von seinem Appetit zurück. Vorsichtig gleitet Olaf durch die verschiedenen Kammern, er darf bloß den Schwanz nicht lösen. Kurz vor der letzten Kammer, nur noch ein Netz trennt ihn von den Aalen, kommt er nicht weiter. So sehr er sich auch dehnt und streckt, diese Reuse ist etwas länger als die anderen. Er muß sich vom Eingang der Reuse lösen oder die Aale verloren geben.

Hätte er seine Freunde dabei, es gäbe dieses Problem nicht. Aber er kann sich weder von Otto halten lassen, noch sich mit Monika beraten. Hilflos geht sein Blick zurück und wieder vor, er kann sich nicht entscheiden. Da entdeckt er Otto unter den gefangenen Aalen. Ohne Überlegung läßt er los und schwimmt das entscheidende Stück weiter. Nun kann er alle Aale bis in die erste Kammer führen, wo er den nächsten Halt für seinen Schwanz ertastet hat. Das allein gibt ihm ein so gutes Gefühl, daß die

Verwechslung nicht so furchtbar ist. Er hat nämlich nicht Otto befreit, sondern nur jemanden, der ihm sehr ähnlich sieht. Und ganz wirklich sieht er ihm gar nicht ähnlich, Olaf hat nur so stark an seinen Freund gedacht, daß er ihn auf jeden Fall erkennen mußte.

In der ersten Kammer ist ein riesiges Durcheinander, an dem nur Olaf nicht beteiligt ist. Er weiß, wie schwer es ist, einer Reuse zu entkommen, und hier begreift er plötzlich seine Freunde, die ihn so eindringlich gewarnt haben. Äußerlich ruhig liegt er da und denkt nach. Seine Freunde kann er nicht rufen, er weiß ja nicht einmal, wo sie sind, niemand kann ihm etwas raten, er ist auf sich allein gestellt.

Wie immer an Reusen hakt er seinen Schwanz ein, damit er wenigstens nicht tiefer in die Reuse rutscht, und beginnt, den Ausgang zu suchen. Zuerst tastet er sich immer am Netz entlang, aber der einzige Weg, den er auf diese Weise findet, führt tiefer in die Reuse. Man sollte es nicht Zufall nennen, daß Olaf schließlich an der richtigen Stelle sucht, sein Leben lang war er auf Entdeckungsreise, er hat Entdecken geübt.

Wenn Olaf sich selbst so sehen könnte, wenn seine Freunde ihn sehen könnten, sie würden sich köstlich amüsieren: Den Schwanz noch im Boden verhakt, richtet sich Olaf auf, wie eine Kobra vor dem Schlangenbeschwörer und stößt immer wieder ins Leere, als wollte er in die Flöte beißen. Und er schafft es auf diese Weise wirklich, den Ausgang zu finden. Nach zehn Minuten erfolgloser Suche stößt sein Kopf durch den Ausgang ins Freie. Erleichtert dreht er sich, um die anderen zu befreien und sich selbst einen Kaulbarsch auf diesen Schreck zu fangen.

Diese Erlebnis, und nicht die Zeit, heilt Olafs Wunde. Weil er selbst fast gefangen worden wäre, kann er Ottos und Monikas Sorgen endlich akzeptieren. Auch wenn er immer noch nicht auf die Fische aus den Reusen verzichten will, er begreift Monikas Zorn und Ottos Vorsicht.

Otto und Monika haben kein so eindrückliches Erlebnis. Sie werden langsam weich und sogar ein bißchen stolz auf ihren Olaf. Mit großer Regelmäßigkeit, dann beinahe jede Nacht treffen sie auf einen Aal, der aus einer Reuse befreit worden ist. Und alle diese Aale erzählen dieselbe Geschichte: Sie wären eingesperrt gewesen, ohne Fluchtmöglichkeit, und hätten sich schon aufgegeben, da sei ein Aal erschienen. Groß und kräftig, mit einem überirdischen Lächeln, engelsgleich, vielleicht sei es ja ein wirklich ein Engel gewesen. Und dieser Aalengel habe sie aus ihrem Gefängnis befreit. Einfach so. Mit jedem befreiten Aal, den sie treffen wächst ihr Stolz und schmilzt ihr Ärger dahin.

Der Winter kommt, und Olaf wird als erstem kalt. Noch einmal Probeliegen in einem einsamen Winterlager, das will er auf keinen Fall. Er will seine Freunde finden und ein gemeinsames Lager suchen. Schon zuvor ist er an Monikas und Ottos Lieblingsplätzen vorbeigeschwommen, aber er hat sie nie entdeckt. Jetzt beschließt er, es am Tag zu versuchen, wenn seine Freunde schlafen, hoffentlich in ihrem Versteck. Diese Methode entpuppt sich als die richtige. Schon am ersten Tag entdeckt er Monika unter einem Stein. Vorsichtig schlängelt er sich neben sie, eng umschlungen verbringen sie so den restlichen Tag, als seien sie niemals getrennt gewesen. Dann suchen sie gemeinsam nach Otto, den sie auch sofort finden. Um ihn herum gewunden verschlafen sie den nächsten Tag, als hätten sie keinen Streit gehabt. In der nächsten Nacht gehen sie auf die letzte Jagd des Jahres und ziehen sich anschließend in ihr Winterlager zurück.

Der Fischer, der schon alle möglichen anderen Menschen verdächtigt hat, seine Reusen auszuräubern, freut sich, daß er in den letzten Wochen des Jahres wieder Aale fängt.

Eifersucht

Schon im Herbst hätten seine Freunde bemerken können, wie groß Olaf geworden ist. Sie hätten sein großes Maul entdecken können und seine kräftige Gestalt bewundern, aber sie haben sich nur ins Winterlager gedrückt. Ein bißchen hat Otto sich gewundert, daß er immer noch Schwanz fühlen konnte, wo Olaf längst hätte zu Ende sein müssen, er hat dann geglaubt, Monika zu spüren. Wenn drei Aale so nah beieinander liegen, kann das schon einmal passieren. Im Frühling können sie seine Größe dann nicht mehr übersehen. Olaf ist einen ganzen Kopf länger als Otto, und merklich dicker, er ähnelt mehr Monika, auch wenn diese noch größer ist. Als Otto diesen Größenunterschied entdeckt, ist er erst einmal überrascht. Jahrelang sind sie jeden Zentimeter gemeinsam gewachsen, und nun das. Nach der Überraschung kommt dann der Neid und die Neugier zur gleichen Zeit. Otto fragt sich, wie Olaf so schnell wachsen konnte, weil er selbst so wachsen möchte.

Die Antwort auf Ottos Frage ist einfach und schockierend: Der größte Teil des Wachstums wird durch die Nahrung bestimmt. Olaf hat gelernt Reusen zu räubern und mußte dadurch niemals hungrig ins Bett. Jeden Morgen füllte ein Fisch seinen Magen, niemals mehr mußte er viel Zeit oder Energie für seine Nahrungssuche aufwenden. Olaf konnte nächtelang toben, ein erwachsener Mensch würde das als trainieren bezeichnen, und am Morgen noch schnell eine Reuse leeren. Da mußte er schneller wachsen. Zweifelnd beobachtet Otto Olaf, als dieser sein Frühjahrsfressen aus einer Reuse holt. Zwar wird er nicht mehr wütend, wie noch im letzten Herbst, so sicher bewegt sich Olaf in der Reuse, aber er will ihn nicht nachahmen. Einen Fisch läßt er sich schenken, als Versöhnungsgeste, um Olaf zu zeigen, daß er nicht mehr wütend ist, dann geht er wieder Krabben und Würmer suchen und mit Glück fängt er einen kleinen Fisch.

Eigentlich ist es gleichgültig, wie groß jemand ist, wie breit, stark oder hübsch. Olaf ist kein anderer Aal geworden, nur weil er schneller gewachsen ist. Er liebt seine Freunde wie zuvor und ist höchstens ausgeglichener als früher, weil er niemals lange nach Futter suchen muß. Für Otto sollte sich genausowenig geändert haben. Sein Freund ist größer und stärker geworden, was im Wasser immer mehr Sicherheit bedeutet, wo die kleinen zuerst gefressen werden, weil sie sich kaum wehren können. Otto sollte sich also für Olaf und sich selbst freuen, aber er kann das nicht. Immer wenn er den großen Olaf sieht, fühlt er sich selbst klein. Er beginnt zu zweifeln, ob er noch ein Freund sein kann, wo Olaf doch so viel größer und stärker ist. Jede Bewegung, jede Äußerung von Monika untersucht er mißtrauisch darauf, ob sie sich nicht nur noch aus Mitleid mit ihm abgibt. Auch seinem bisher besten Freund Olaf bleibt dieses Mißtrauen nicht erspart.

Monika glaubt nur, daß ihr die Größe und Kraft ihrer Freunde gleichgültig ist. Es ist zwar wahr, daß sie Otto genauso liebt wie Olaf, daß sie keinen von beiden lieber sieht, wenn sie aber alle drei zusammentreffen, dann starrt sie Olaf an, kaum noch Otto. Wenn sie Olaf in freiem Wasser schwimmen sieht, dann würde sie ihm am liebsten hinterherpfeifen, wie ein Bauarbeiter einer jungen Frau im Minirock. Sieht sie Otto schwimmen, dann betrachtet sie ihn liebevoll, wie einen guten Freund. Es ist eben nicht gleichgültig, wie groß, stark oder schön ein Aal ist. Es ändert nicht alles, bei so guten Freunden wie den dreien ändert es nur Kleinigkeiten, die aber summieren sich.

Es ist wieder Frühling. Das große Frühjahrsfressen haben die Aale hinter sich gebracht. Sie haben nicht nur gefressen, sie haben es auch verdaut und bewegen sich nun in der erwachenden Welt. Ob Mensch ob Tier, Huhn oder Fisch und natürlich Aal, alle freuen sich über das frische Grün, die endlich wieder wärmende Sonne, das neu entstehende Leben. Schon in den letzten Jahren war Monika besonders empfänglich für diese Frühlingsgefühle, in diesem Jahr kann sie es kaum noch aushalten. Sieht sie einen balzenden Fisch oder dessen Laich, turtelnde Enten oder ganz junge Wasserratten, dreht sich ihr fast der Magen um. Sie wird von einer solchen Unruhe erfaßt, daß sie tagelang nichts essen kann. Auch ihre Freunde sieht sie mit ganz anderen Augen. Schön erscheint ihr Olaf, seine kräftige Gestalt, sein breites Maul. Er ist zwar lange nicht so groß wie sie selbst, aber eins der kräftigsten Männchen im ganzen Grabensystem.

Otto und Olaf, die solche Frühlingsgefühle bisher nicht erlebt haben, geht es in diesem Jahr ähnlich. Beide jagen keine Stichlinge im Hochzeitskleid, sie verschonen Krabben, die ihren Laich zwischen den Beinen tragen und sie können ihre Augen nicht von ihrer Freundin lassen. Sie machen im ganzen Frühling keinen Ausflug ins Meer, nur um in ihrer Nähe bleiben zu können und entschieden verbeißen sie andere Aalmännchen, wenn die sich Monika zu sehr nähern.

Natürlich verhungern die Aale deswegen nicht. Wenn der Hunger stärker als ihre Frühlingsgefühle wird, dann suchen sie sich gerade so viel Fressen, daß sie den Hunger etwas weniger spüren. Olaf hat es da leicht. Ihm genügt eine Reuse und in höchstens zehn Minuten ist er wieder satt für eine Nacht. Seine Freunde, die sich keinen Fisch aus einer Reuse schenken lassen wollen, essen weniger.

Glücklicherweise vergeht der Frühling und mit ihm die Gefühle, bevor es für die Freundschaft der drei gefährlich wird. Der Laich ist geschlüpft, die kleinen Fischlarven bieten Nahrung im Überfluß. Das Wasser ist wärmer geworden, die Fische, die zum Laichen in die Flüsse gezogen sind, sind längst zurück im Meer, da beruhigen sich auch Otto, Olaf und Monika. Seine Größe ist Olaf nicht mehr wichtig. Er schwebt nicht mehr ausgestreckt durch das Wasser, um allen seine Länge zeigen zu können, sondern schlängelt sich am Grund, wie jeder andere Aal auch. Jetzt wird seine

Größe ausschließlich Schutz vor Raubfischen und Kormoranen. Darum sucht er Ottos Nähe: nicht mehr, um sich mit der Konkurrenz zu vergleichen, sondern um den Freund zu schützen. Otto kann diesen Schutz jetzt genießen. Seine ängstlichen Blicke auf den längeren, stärkeren Freund, dessen allzugroße Nähe immer auch Konkurrenz bedeutet, werden stolz. Es ist nicht mehr wichtig, wer lang ist, wer stark oder schnell, es ist wieder wichtig, daß sie Freunde sind. Und schließlich ist da auch noch Monika, die sich in gleicher Freude mit ihren Freunden trifft. Deren Herz nicht mehr schneller schlägt, wenn der große Olaf sich ihr nähert, und die sich schämt, daß es bei Otto nicht aus dem Takt gerät.

Es ist ihnen, als wäre ein kleines Teufelchen von ihnen gegangen. Endlich spüren sie wieder, wie sehr sie sich lieben. Weil sie sich vorher nicht gestritten haben, weil alle Mißverständnisse, der eitle Stolz und verschämte Ängstlichkeit niemals dramatisch waren, fällt ihnen jetzt auch kein Stein vom Herzen. Sie freuen sich nicht, wie die aus der Reuse befreite Monika, nicht wie der dem Angelhaken entronnene Olaf. Sie freuen sich still und strahlen dabei ein Glück aus, daß sich sogar die Krabben gerne fressen lassen. Sie wollen nicht mehr wissen, was sie im Frühling so verstört hat, sie wollen glücklich miteinander sein, so wie sie es früher waren, sie wollen zusammen jagen, zusammen spielen und schöne Ausflüge machen. Sie wünschen sich in ihr altes Leben zurück.

Voll Begeisterung planen sie die nächsten Nächte, als erstes einen Ausflug ins Meer. Otto und Olaf wollen dringend dorthin, aber auch Monika muß nicht lange überredet werden, sie hat das Meer schon lange nicht mehr gesehen.

„Sofort ins Meer", Olaf ist begeistert von der Aussicht, endlich wieder in den Wellen tanzen zu können.

„Nein, zuerst müssen wir etwas essen, ich habe einen Hunger, als hätte ich im ganzen Jahr noch nichts gegessen", Monika war schon immer die hungrigste der drei. Otto würde am liebsten liegen bleiben. So lange hat er nicht mehr im Glück zwischen seinen Freunden gelegen, daß er sie still genießen möchte. Er will zwischen seinen Freunden liegen, ohne sich fragen zu müssen, ob er eigentlich überflüssig ist, ohne seine Größe vergleichen zu müssen, einfach nur daliegen. Aber er will auch die Lebensfreude seiner Freunde nicht bremsen: „Laßt uns versuchen, auf dem Weg etwas zu jagen, dann verlieren wir keine Zeit." Ottos Vorschlag wird angenommen und sofort in die Tat umgesetzt, das erste Mal in diesem Jahr schwimmen sie auf die Holzwand zu.

Es dauert nicht lange, da treffen sie auf eine Reuse. Während Otto und Monika erschrocken zurückweichen, schwimmt Olaf interessiert auf sie zu. Er hat schon Kaulbarsch gerochen und freut sich auf eine einfache und schnelle Jagd. Auch für seine Freunde will er genug Fisch fangen, da wird er von ihnen gestoppt.

„Olaf, ich will nicht, daß du in die Reuse schwimmst." Monika bremst ihn vor dem Eingang. „Es ist doch so gefährlich, und ich habe Angst um dich."

Monikas Angst schmeichelt Olaf. In seinem Stolz will er ihr zeigen, daß eine Reuse für ihn keine Gefahr darstellt, aber auch Otto mischt sich ein:

„Monika hat recht. Diese Dinger sind gebaut, um Aale zu fangen. Du kannst gar nicht wissen, welche Tricks noch eingebaut sind. Kennst du nur einen nicht, sehen wir doch nie wieder. Schwimm nicht hinein. Ich weiß eine Stelle, da gibt es junge Flundern, sehr lecker, wenn wir zusammen jagen, sind wir in einer Stunde satt."

Auf dem Weg zur Flundernjagd hängt jeder seinen Gedanken nach. So froh Olaf über die Sorge seiner Freunde ist, möchte er sich in seinem Leben doch nicht einschränken lassen. Er beschließt, niemals mehr in deren Gegenwart eine Reuse zu räubern, aber wenn er allein ist, wird er es wieder tun. Er ist nicht von der Gefährlichkeit der Reusen, sondern von der Sorge seiner Freunde überzeugt.

Otto ist klar geworden, daß sie nicht mehr die Freunde sind, die sie früher einmal waren. Niemals hätten sie früher so unterschiedlichen Dinge getan und es nicht voneinander gewußt. Jetzt lernen sie voneinander, was sie früher miteinander gelernt hätten, und sie nehmen Rücksicht aufeinander, wo sie früher zusammen nur ein Leben lebten.

Monika entdeckt die erste Flunder und beendet so alle Gedanken. Noch unbeholfen und allein stöbert sie eine auf und gibt ihr dadurch die Möglichkeit zur Flucht. In einer Sandwolke entzieht sie sich jeder Sicht und sehr gut getarnt liegt sie kurz darauf ein Stückchen weiter platt im Sand. Tatsächlich ist das Schwierigste an der Flundernjagd, ein Opfer überhaupt zu entdecken. Ist eine Flunder erst einmal entdeckt und Objekt dreier Aale, ist ein Entkommen undenkbar. Jedenfalls wenn die Aale so systematisch vorgehen, wie diese drei: In einem Abstand von drei

Aaldicken schwimmen sie nebeneinander über den Grund und wühlen nach Flundern. Zeigt sich auch nur die Spitze einer Flunderflosse, ist die ganze Flunder verloren. Sofort stürzen sich drei Aale auf sie, eine Flucht bleibt da ausgeschlossen.

Diese Art Jagd ist ganz im Sinne Ottos. Konzentriert und miteinander gehen die drei ihrer Hauptbeschäftigung nach und nicht ein Hauch eines Mißverständnisses ist zu spüren. Außen schwimmen die beiden großen, innen Otto, der sich ein bißchen zurückfallen läßt. Wie ein Trichter, dessen dünnes Ende von Ottos Maul gebildet wird, schieben sich die drei über den Grund. Nach kurzer Zeit ist das Ende des Trichters so satt, daß es kaum noch rülpsen kann. Otto tauscht seinen Platz mit Olaf, dieser dann mit Monika.

Nach einer Stunde Jagd sind alle zufrieden. In Zukunft wollen sie häufiger zusammen jagen, das sättigt schneller und alle genießen das gemeinschaftliche Erlebnis. Mit den Flundern im Bauch und in bester Stimmung erreichen sie die Holzwand. Keiner von ihnen findet das kleine Loch, durch das sie noch im letzten Jahr ins Meer entweichen konnten. Stattdessen verbreitet sich der Geruch nach frischer Eiche, die Wand ist nach den Frühjahrsstürmen repariert worden. Macht gar nichts, denken sich die drei, die mit den Flundern im Bauch sowieso sehr große Löcher benötigt hätten, sie kennen den Umweg durch das Gras ja noch. Und da das Gras nachts sehr feucht ist, bemerken sie den Unterschied zum Wasser kaum.

Haie

Auf der anderen Seite der Wand herrscht gerade Hochwasser. Das Meer hat sich in die Flußmündung hineingedrückt und durchdringt alles mit seinem verheißungsvollen Salzgeruch. Otto und Olaf sind wie elektrisiert, so lange waren sie nicht mehr im Meer. Aber auch Monika spürt ein Kribbeln. Anders als die Aufregung ihrer Freunde, die in den Wellen toben wollen und Wattwürmer fangen, hat ihre Aufregung Ähnlichkeit mit ihren Frühlingsgefühlen. Es ist fast, als wäre wieder Frühling. Es sind nicht die Flundern, die noch in ihrem Bauch zappeln, es ist die gleiche Sehnsucht, die auch eine laichende Krabbe oder ein balzender Stichling auslösen können. Gespannt schwimmt sie ihrem Gefühl und ihren Freunden hinterher.

Dieses Kribbeln, die Frühlingsgefühle sind die ersten Anzeichen dafür, daß Monika endgültig erwachsen wird. Die nötige Länge dafür hat sie schon längst erreicht, sie ist reif genug, stark genug, sie muß noch Mutter werden, es fehlen ihr noch die Kinder. Wie jedes Lebewesen, ob Mensch Tier oder Pflanze, wird Monika eines Tages Kinder zeugen. Vielleicht mit Olaf, vielleicht mit Otto, vielleicht aber auch ohne sie. Noch ist es nicht so weit, aber ihre Gefühle zeigen an, daß dieser Tag nicht mehr so fern ist, die Gefühle sind die erste Vorbereitung. Darum bleibt sie auch gerne einige Tage im Meer, sie hat begonnen, das Kribbeln zu genießen, als Vorfreude auf ein unbekanntes Erlebnis.

Ganz in der Nähe ihrer Lieblingssandbank haben Otto und Olaf ihr altes Versteck wiedergefunden.

Stolz führen sie ihre Freundin dorthin und genießen ihren Tag. Ganz leicht strecken sie ihre Nase aus der Höhle, lassen das salzige Wasser durch ihre Kiemen rutschen und haben schöne Träume.

In der darauf folgenden Nacht verhalten sich Otto und Olaf, als würden sie das Meer nie wieder sehen. Von Sonnenuntergang bis zum Sonnenaufgang bleiben sie in den Wellen, die sich, als wäre es ein Abschiedsgeschenk, besonders hoch türmen. Außerdem fressen sie Wattwürmer und Krabben, so viel sie nur fangen können, und das ist nicht eben wenig. Monika ist ruhiger, ihr ist nicht bange vor der Zukunft. Mit ihren Freunden frißt sie Krabben, aber in eine Welle schwimmt sie nur probehalber, dann nicht wieder. Neugierig, ob sie noch etwas findet, das ein Kribbeln auslösen kann, schwimmt sie um die Sandbank, aber nichts besonderes geschieht. Sie beschnuppert viel, mit Vorsicht umkreist sie einen großen Taschenkrebs, der frische Muscheln knackt, und immer häufiger glaubt sie, daß sie das alles nicht mehr lange genießen wird.

Ein Ausflug ins Meer ist niemals gelungen, wenn sie die Rolltreppe des Watts, einen Priel nicht benutzt haben. Mit Einsetzen der Ebbe lassen sie sich in einen größeren Priel sinken und in rekordverdächtiger Geschwindigkeit werden sie ins offene Meer getragen. Tiefer wird das Wasser hier, was für einen Fisch nichts bedrohliches hat, und blauschwarz. Nur der Schimmer des Halbmondes hellt das Dunkel etwas auf. Knapp unterhalb des Wasseroberfläche schwimmen die drei und halten Ausschau. So sicher sind sie ihrer Größe und Stärke, daß sie nicht auf Feinde achten. Seehunde schlafen, Kormorane können nachts nichts sehen, die drei glauben nicht an eine Gefahr. Als der Meeresboden noch weiter abfällt, unter ihnen befinden sich jetzt dreißig Meter Wasser, wird Otto doch mulmig zumute, nur der Schutz seiner großen Freunde hindert ihn daran, sofort zu fliehen.

Zuerst ist es nur ein Geruch. Leicht stechend, völlig unbekannt, es riecht nach Gefahr. Otto wird unruhiger, er beginnt schon auf Rückkehr zu drängen, Olaf bleibt neugierig, gerade auf diesen Geruch. Ihre Freundin ist unentschieden: Die mögliche Gefahr drängt sie zurück, andererseits ist sie von einem Reisefieber erfaßt, dem sie sich nicht entziehen will.

Der Geruch wird stärker. Vom Meeresboden steigt er auf, und nun wird sogar Olaf vorsichtig. Anstatt einfach abzutauchen und die Ursache zu erforschen, schwimmen sie vorsichtig tiefer, immer einen halben Meter mehr und hoffen, bald etwas sehen zu können.

Direkt auf dem Grund, durch ihre Färbung den Blicken der Aale noch entzogen, schwimmen über hundert Dornhaie durcheinander. Dornhaie sind nicht sehr groß, die größten werden etwas über einen Meter lang, das ist nicht viel mehr als Monikas Länge. Aber anders als Süßwasserfische müssen sie ihre Beute nicht im ganzen essen. Sie können sich ein Stück abbeißen und den Rest für später lassen, sie könnten sich zwei Meter lange Fische teilen. Einen Aal, der ihr liebster Fisch ist, würden sie allerdings nicht mit ihrem besten Freund teilen, den würden sie allein fressen. Dornhaie können nicht besonders gut sehen, dafür aber riechen, fast so gut wie Aale. Je näher die drei Aale den Dornhaien kommen, desto unruhiger werden diese, weil sie diese Nähe riechen. Einige der Dornhaie schwimmen auf, um diesem Geruch besser nachgehen zu können. Dabei zeigt einer seinen hellen Bauch, den Otto sofort entdeckt.

Kein Aal kennt Dornhaie. Wenn ein Aal von einem Dornhai entdeckt wird, wird er gefressen und kann deswegen niemandem von Dornhaien erzählen. Wenn ein Aal einen Dornhai aber nur aus der Ferne sieht, da unterscheiden sich Aale nicht von Menschen, dann weiß er, daß er sofort fliehen muß. Als Otto den Hai entdeckt, muß er seine Freunde auch nicht lange überreden, mit einem Hai will keiner Bekanntschaft machen. Das ist eigentlich traurig, besonders für die Haie selbst, die immer allein sind und nur Haie zum Freund haben können. Die Aale fliehen aber völlig zu Recht. Wären sie von den Haien entdeckt worden, sie wären sofort gefressen worden.

Instinktiv fliehen die Aale nicht panisch. Vorsichtig drehen sie sich, keiner macht eine hektische Bewegung, langsam schwimmen sie zurück zum Ufer. Es kostet sie Überwindung, nicht sofort loszustürzen, aber eine schnelle Bewegung hätte die Haie aufgescheucht, und so versuchen sie wenigstens äußerlich ruhig, zur Sandbank zurückzuschwimmen.

Trennung auf Zeit

Das war Monikas letzter Ausflug ins Meer. Kaum haben sie das Versteck an der Sandbank wiedergefunden, ist Monika das so klar, wie sonst nichts auf der Welt. Ihren Freunden, die wegen der gerade überstandenen Gefahr aufgekratzt nach rechts und links sehen, erzählt sie das gleich. Es gibt keine

Worte für Monikas Gefühle, jedenfalls findet sie keine, es ist also nicht verwunderlich, daß Otto und Olaf sie nicht verstehen, sie versucht es immer wieder:

„Als wir durch den Priel geschwommen sind, durch das Meer, da wollte ich immer weiter schwimmen, auf gar keinen Fall wieder zurück. Ich hatte so ein Gefühl wie damals, als wir noch ganz klein waren und noch nie ein Ufer gesehen haben. Auch da sind wir immer nur geschwommen, ohne ein Ziel zu kennen. Vorhin, da zog mich eine Kraft ins Meer, die erst aufhörte, als Otto den Hai entdeckt hat. Wenn ich noch einmal ins Meer schwimme, dann kehre ich nicht wieder um. Mein nächster Ausflug ist für immer."

Otto und Olaf können sie immer noch nicht verstehen. Sie haben nur einen kleinen Kitzel verspürt, viel kleiner als der Kitzel der Wellen, kleiner als der Kitzel der Krabben, kleiner als der Kitzel eines saftigen Kaulbarschs in einer Reuse. Sie könnten immer wieder zurück zur Sandbank, sogar zurück in die Gräben schwimmen.

Zum Glück will Monika noch nicht ins offene Meer, sie will noch einmal flußaufwärts schwimmen. Wenig begeistert stimmen ihre Freunde zu. Sie würden lieber im Meer bleiben, aber die neugewonnene Harmonie, die Freude an der Nähe der anderen läßt sie zustimmen. Den Sommer und Herbst wollen sie im Fluß verbringen, den Winterschlaf dann in den Gräben halten. Zwei Nächte noch bleiben sie an der Sandbank, zwei Nächte, in denen Otto und Olaf mehr Stunden in den Wellen spielen, als im ganzen Jahr zuvor. Leicht schwindlig vom vielen Drehen, manchmal muß Monika ihnen die richtige Richtung weisen, passieren sie in der dritten Nacht die Wehrtore flußaufwärts.

Wehmütig riechen sie an der Holzwand, die ihnen stets schnellen Zugang zum Meer versprochen hat, und folgen dann ihrer Freundin, die ebenfalls wehmütig gegen die Strömung schwimmt. Monikas Wehmut ist von ganz anderer Art: Sie schwimmt in eine Gegend, die sie liebt, in der sie ihr ganzes Leben verbringen wollte. Es war schön in den Gräben, lieber aber hätte sie ihr bisheriges Leben in einem Fluß, direkt nach der Quelle verbracht. Nun entdeckt sie einen neuen Fluß, in dem sie sicher schöne Plätze finden wird, es schwimmen sogar ihre meeressüchtigen Freunde mit ihr, und sie hat eine dumpfe Ahnung, daß sie diesen Fluß nicht mehr lange genießen wird. Ihre Ahnung sagt ihr, daß sie das ganze Land verlassen wird, daß sie ins Meer schwimmen wird, ohne ein Ziel zu haben. Jedes Wurzelgewirr, das sie passieren, jede Schlammkuhle, jedes Aalversteck weckt ihre Freude über die schöne Umgebung und die Traurigkeit, daß sie diese Schönheit wieder verlassen wird.

Von dieser Wehmut und ihrem Grund ahnen Otto und Olaf immer mehr. Sie spüren den Wandertrieb noch nicht so stark wie Monika, ganz leicht nur, wie von einer Feder in der Strömung sind sie von diesem Trieb berührt worden, aber schon stark genug, um mit der Freundin mitfühlen zu können. Als der Trieb in ihnen weiterwächst, als auch sie spüren, daß sie nicht mehr lange bleiben werden, wollen sie doch nicht im Fluß bleiben. Sie wollen zurück ins Meer, auch ein paar Nächte in den Gräben bleiben, aber nicht zu einer Quelle wandern, die sie nicht interessiert.

Unter einer Brücke, zwischen angefaulten Holzstämmen halten die drei Rat. Als sie aus dem Golfstrom frisch an die Küste kamen und so unterschiedliche Wünsche hatten, konnten sie noch beschließen, gemeinsam zuerst das eine und danach das andere zu tun. Damit waren alle einverstanden und es war das richtige für ihr Leben. Jetzt können sie das so nicht mehr entscheiden. Sie wissen es zwar nicht, aber sie ahnen sehr deutlich, daß ihnen nicht mehr so viel Zeit bleibt. Von einer plötzlichen Vision gepackt schwimmt Otto an die Wasseroberfläche und erwartet den Mond zu hören, der ihnen schon einmal aus einer ausweglosen Situation geholfen hat. Der Mond steht hinter Wolken. Von dort sieht er seine kleinen Freunde und er weiß, daß sie es auch ohne ihn schaffen werden.

Otto hat die Gedanken des Mondes nicht gehört, er hat nur den wolkenverhangenen Himmel gesehen, das leise Plätschern des Flusses gehört, und taucht doch voller Lebensmut zurück.

„Ich weiß, daß wir uns lieben, daß wir unser Leben gemeinsam verbracht haben, verbringen werden, und es auch gemeinsam beschließen, wenn wir von Angelhaken und Reuse verschont bleiben. Wir alle glauben, nicht mehr lange in dieser Gegend zu bleiben und wollen die Zeit bis zu unserem Aufbruch an unterschiedlichen Orten verleben. Laßt uns also genau das tun. Monika bleibt im Fluß, solange es ihr gefällt, in Gedanken bleiben wir bei ihr. Olaf und ich schwimmen zurück ins Meer. Von dort werden wir manchen Ausflug zurück in die Gräben machen und spätestens dort ist Monika in Gedanken mit uns. Im Herbst, wenn die Tage kurz werden und das Wasser kalt, treffen wir uns im Winterlager wieder. Wir treffen uns bevor wir sehr müde werden, damit wir noch gemeinsam jagen können und uns alles erzählen."

Das war Ottos längste Rede, die ihn sichtlich Kraft gekostet hat. Und es war eine Rede, die Olaf und Monika selbst hätten halten können, wenn sie nur so viel nachgedacht hätten. Alle sind einverstanden. Sie sind nicht froh oder besonders glücklich, aber sie trennen sich zufrieden und in guter Hoffnung, im Herbst viel zu erzählen zu haben und ihre große Freundschaft zu erneuern.

Monika schwimmt weiter gegen den Strom der sich bedächtig dem Meer nähernden Eider. Dieser Fluß, der in Schleswig-Holstein entspringt und mündet, einem Land, dessen höchste Erhebungen den Namen Hügel kaum verdienen, dieser Fluß bietet alles, was ein großer, hungriger Aal, der noch einmal im Süßwasser schlemmen möchte, sich wünschen kann. Der ganze Flußlauf ist voller Wollhandkrabben, allein von denen wird jeder Aal satt. Es gibt Frösche und kleine Kröten, manchmal sogar eine kleine Maus. Natürlich gibt es auch ausreichend Fisch, so daß die Aale der Eider alle wohlgenährt sind. Die Eider fließt langsam, es ist nirgends anstrengend, niemals sind Stromschnellen zu überwinden. Für einen Aal ist die Eider, wie ein Spaziergang für einen Marathonläufer, niemals gerät er außer Atem. Nicht einmal ein Wehr mit einem Fischpaß oder gar einem Aalsteig muß Monika auf dem Weg zur Quelle überwinden, und trotzdem ist sie nicht zufrieden.

Zuerst redet sie sich ein, daß ihr die Aufregung fehlt. Niemals hat sie Aufregung gesucht, wie etwa Olaf, sie hat sich im Gegenteil immer zurückgezogen, nun glaubt sie doch, diese aus der Entfernung genossene Aufregung könnte ihr fehlen. Als sie sicher weiß, daß ihr nicht die Aufregung fehlt, macht sie den Geruch des Flusses verantwortlich. Anders als die wohlriechende Elbe, der noch kurz vor Hamburg ihre Herkunft aus frischen Quellbächen im Riesengebirge abzuschmecken ist, ist die Eider ein modriger Fluß, die so viel von einem klaren, vor sich hin plätschernden Gebirgsbach mitbekommen hat, wie ein Spatz von einem Nashorn. Aber jeder Aal liebt Moder. Monika kann sich in den weichen Untergrund wühlen und hervorragend verstecken. In trübem Wasser kann sie Fische riechen und fangen, bevor sie selbst gesehen wird, es ist eben nicht der Geruch des Wassers und nicht der Moder. Immer wenn eine Jagd sie flußabwärts führt, und sei es nur wenige Meter, hellt ihre Stimmung sich auf. Stoppt die Jagd, oder flieht der Fisch flußaufwärts, trübt sich ihre Stimmung wieder ein.

Es sind die Freunde, die ihr fehlen. Der Gedanke an Otto und Olaf macht sie froh. Sobald sie sich auch nur probehalber in deren Richtung treiben läßt wird sie fast glücklich. Zweimal versucht sie auch, ihren Ausflug abzubrechen. Die Freunde sind ihr wichtiger, in den Gräben konnte sie auch gut leben, so redet sie es sich ein und schwimmt zurück. Aber beide Male kommt sie nicht weit. Wenn sie in Gedanken schon bei ihren Freunden ist, wenn sie das Meer wieder fühlen kann, dann fühlt sie auch ihre Sehnsucht wieder, die sie ein letztes Mal in den Fluß getrieben hat. Sie fühlt wieder, daß sie einmal in ihrem Leben eine Quelle gesehen haben muß, bevor die Sehnsucht sie ins offene Meer treibt. Dann schwimmt sie wieder flußaufwärts.

Es ist niemals leicht, zwei Dinge zu wollen, die sich gegenseitig ausschließen. In welche Richtung Monika auch schwimmt, es ist immer die falsche, und sie ist immer richtig. Die kurze Rede von Otto, der sie alle zugestimmt haben, zeigt ihr die Richtung an, die Richtung, in die sie auch der Verstand drängt, nur ihr Gefühl kann so schwer folgen. Ihr Gefühl sagt ihr nämlich, sie solle zu ihren Freunden schwimmen, und ohne ihren Verstand würde sie ihrem Gefühl sofort folgen.

Es gäbe viel weniger Probleme auf der Welt, wenn Verstand und Gefühl sich immer einig wären, oder wenn die beiden sich wenigstens verständigen könnten. Der Verstand aber redet, das Gefühl fühlt, und wenn sie so unterschiedlichen Dinge wollen wie in Monikas Fall, dann können sie sich höchstens auf einen faulen Kompromiss einigen.

Monika läßt sich von ihrem Verstand treiben und beschwichtigt ihr Gefühl. Sie will sich nur noch wenige Nächte von ihren Freunden entfernen, aber wenigstens irgendeine Quelle muß sie finden. Sie schwimmt also weiter und hat nach dieser Entscheidung Otto und Olaf immer im Sinn. Findet sie einen umgestürzten Baum mit vielen Winkeln und Verstecken, mit Jungfischen zwischen den Zweigen und mit Höhlen in der Wurzel, dann ist ihr, als erkundeten ihre Freunde den Baum mit ihr. Sie ist nicht mehr allein. Alle schönen und alle furchtbaren Erlebnisse der Reise kann sie nun mit ihren Freunden teilen und so ist es ihr doch gelungen zwei sich ausschließende Dinge gleichzeitig zu bekommen.

An der Mündung eines kleinen Baches, der so flach ist, daß die Rückenflosse eines Zanders haifischartig aus den Wasser ragen würde, wird die Sehnsucht nach Otto und Olaf fast übermächtig. Monika glaubt, das nicht mehr aushalten zu können, sie will nicht mehr bis zur Eiderquelle schwimmen, ihr Gefühl wird stärker als ihr Verstand. Sie will sich noch bis zur Quelle des Baches zwingen und dann schnell umkehren. Trotzig gegen ihr Gefühl zwingt sie sich in den Bachlauf, aber nach nur einer halben Stunde, sie schwimmt gerade unter einer kleinen Holzbrücke, gibt sie auf. Unter der Brücke will sie Schutz suchen für den Tag, in der nächsten Nacht dann wird sie zurückschwimmen.

Die im Meer gebliebenen Freunde haben ein leichteres Leben. Auch ohne ihre Freundin sind sie nicht allein, sie können immer noch miteinander teilen, womit Monika allein fertig werden muß. Und sie haben nicht das Bedürfnis, irgendetwas zum letzten Mal zu sehen. Anders als ihre Freundin spüren sie nur ein leichtes Kribbeln, wo diese weiß, daß sie nicht mehr lange bleiben wird. Sie werden nicht von einander widerstreitenden Gefühlen zerrissen, auch wenn ihre Sehnsucht nicht kleiner als die von Monika ist. Fortgeschwommen ist sie und sie wird auch wiederkehren, Otto und Olaf warten nur.

In den ersten Tagen nach ihrem Verschwinden vergnügen sich die beiden mit allem, was Monika nicht so sehr gefallen hat. Sie lassen sich von den Wellen durcheinander wirbeln, bis sie nicht mehr geradeaus schwimmen können, sie lassen sich in den

Prielen durch das Watt treiben, bis in die entferntesten Winkel, die Olaf selbst auf seinen langen Streifzügen noch nicht entdeckt hat. Überhaupt bleiben sie im Meer. Wenn sie einen Krabbenkutter hören, schwimmen sie ihm nach und fressen noch, wo Monika längst geflohen wäre. Erst nach einer Woche spüren sie das Fehlen ihrer Freundin so sehr, daß sie in die Gräben schwimmen um nachzusehen, ob sie nicht schon wieder zurück ist.

In den Gräben nimmt Olaf seine Reusenräuberei wieder auf, Otto steht hilflos davor. Monika hätte Olaf einfach verboten, in eine Reuse zu schwimmen, Otto bringt das nicht fertig, auch wenn er manchmal vor Angst zittert. Wenn Olaf dann der Reuse wieder entkommen ist, meist mit einem Fisch für Otto im Maul, ist dieser so erleichtert, daß er den ihm angebotenen Fisch ißt und kein Wort über die verbotenen Reusen verliert. Darum ist Otto froh, als sie wieder ins Meer schwimmen. Dort sind die Reusen so selten, daß er sich niemals sorgt.

Gefangen

Ihre Ausflüge ins Meer werden kürzer und selten. Wie Monika sich nach ihnen sehnt, so wünschen sie sich ihre Freundin zurück. Und beide glauben, daß sie mit jeder Minute, die sie in den Gräben verbringen, Monika zurückrufen. Sie glauben sogar, daß sie lauter rufen, wenn sie die Tage in ihrem alten, gemeinsamen Versteck verbringen.

Den lautesten Ruf aber gibt Olaf ab. Gerade als Monika unter der Holzbrücke beschließt, sofort umzukehren, ertönt dieser Ruf von Olaf, und das ist eine sehr traurige Geschichte.

Niemand kann wissen, in wie viele Reusen Olaf geschwommen ist, keiner weiß, wie viele Aale er befreit hat, nur die Verzweiflung des Fischers gibt einen kleinen Hinweis. Sehr genau kann man sehen, wie viele Fische er geräubert hat, denn dadurch ist er so groß geworden, und dadurch hat er ein so breites Maul bekommen. Olaf ist um die Hand eines Erwachsenen länger als Otto und frißt Fische einer Größe, die Otto kaum festhalten, geschweige denn schlucken kann. Inzwischen hat Olaf nicht einmal mehr Angst, wenn er zu tief in eine Reuse gerät. Das ist ihm einmal versehentlich geschehen und er hat wieder herausgefunden, seitdem findet er aus jeder Reuse. Auch als er tief in seine letzte Reuse schwimmt, weil er die darin gefangenen Aale befreien will, und dadurch selbst gefangen ist, bleibt er ganz ruhig. Zuerst lockt er alle gefangenen Aale in die vorletzte Kammer der Reuse und macht sich dann daran, den Ausgang zu suchen. Systematisch wie er vorgeht dauert es nicht lange und er kann die Aal in die drittletzte Kammer locken.

Otto, der vor der Reuse auf seinen Freund wartet wird nervös. Aus der Ferne hört er einen der hier sehr seltenen Bootsmotoren, ein Geräusch, das schon einmal große Gefahr gebracht hat. Schnell nähert sich der Motor, gerade als Olaf die Aale in die viertletzte Kammer gebracht hat, jetzt fehlen noch zwei Kammern bis zur Freiheit, erstirbt der Motor über der Reuse. Wahnsinnig vor Angst taucht Otto auf und ab. Mit seinem kleinen Aalkopf rammt er das Boot, der Fischer kann das nicht einmal hören. Zurück an der

Reuse ruft er Olaf zu, daß er sich beeilen solle.

Auch Olaf ist jetzt hektisch geworden, so hektisch, daß er nicht schneller machen kann. Er spürt die Gefahr und wird dadurch so konfus, daß er nicht nur den Ausgang nicht findet, er arbeitete sich sogar wieder tiefer in die Reuse ihn hinein. Als der Fischer beginnt, die Reuse einzuholen, steckt Olaf hoffnungslos fest. Es hilft ihm nicht, daß Otto ihn festhalten will, es ist ja doch das Netz zwischen ihnen. Die Reuse hebt sich aus dem Wasser und die beiden können einander nur noch rufen. Sie schreien und sie brüllen, aber es hilft ihnen nicht. Mit einem letzten Ruck hebt der Fischer die Reuse und Olaf mit ihr an Bord. Und so viel Otto auch zappelt, er versucht sogar in das Boot zu klettern, Olaf bleibt verschwunden. Fast hätte der Fischer sogar noch Otto gefangen, er hatte schon die Hand um dessen Hals geschlossen. Da schlängelt sich Otto mit aller Kraft zurück in die Gräben.

Zwei Tage bleibt Otto an Ort und Stelle. Verzweifelt hofft er auf ein Wunder, aber Olaf bleibt verschwunden. Schließlich muß er aufgeben.

Einzelne Aale haben ein schlechtes Gedächtnis. Wenn sie einen Freund verlieren, selbst wenn er direkt neben ihnen in einen Angelhaken beißt, haben sie ihn schon bald vergessen. Spätestens in der nächsten Nacht suchen sie ihr Futter wieder alleine und schon bald finden sie eine neuen Freund. So schnell kann Otto Olaf nicht vergessen, es war ja auch eine ganz besondere Freundschaft. Aber nach zwei Tagen schmerzt der Verlust schon weniger. Otto weiß noch, daß Olaf verschwunden ist, aber er kann schon wieder Würmer suchen und eine Schlammschnecke fressen. Einen Fisch wird Otto in seinem Leben nicht mehr jagen. Die wenigen Male, die er das versucht, steht ihm Olaf wieder vor Augen, hilflos in der Reuse zappelnd. Das schlechte Gedächtnis hilft Otto also nicht zu verhungern und so die Zeit bis zu Monikas Rückkehr zu überleben.

Monika hat natürlich nicht den Ruf selbst gehört, so laut rufen Aale auch in Todesangst nicht. Aber sie hat gespürt, auf unerklärliche Weise gespürt, daß etwas nicht in Ordnung ist und sofort beschlossen, umzukehren. Nächtelang kennt sie kein anderes Ziel als ihre Freunde. Sie vergeudet keine Zeit mit der Jagd, nur tagsüber versteckt sie sich, hungrig schwimmt sie in die Gräben.

Es ist ein trauriges Wiedersehen für die beiden. Wie Otto um das Fischerboot geschwommen ist, so schwimmt Monika jetzt um ihr Versteck, in dem sie Otto gefunden hat. Ohne Olafs Verschwinden begreifen zu können, ja ohne überhaupt glauben zu können, daß er wirklich nie wiederkehren wird, sucht sie ihn bald überall. Otto, der glauben muß, was er selbst gesehen hat, versucht immer wieder, seine Freundin zu trösten. Aber so lange sie nicht an Olafs Verschwinden glauben will, läßt sie sich gar nicht trösten. Er solle ihr lieber suchen helfen, statt Trost in einer Sache zu verschwenden, in der nicht getröstet werden muß.

Sie kommen nicht dazu, sich aneinander zu freuen und von ihren Erlebnissen zu erzählen, Monika ist mit ihrer Suche beschäftigt. Nur tagsüber, wenn sie sich vor der Sonne verstecken müssen, liegen sie eng beieinander und spüren, wie sehr sie sich lieben.

Als Otto schon befürchtet, Monika würde den Rest

ihres Lebens mit der Suche nach Olaf verbringen, kommt ihnen ein Zufall zu Hilfe. Der Fischer, der bemerkt hat, um wieviel voller seine Reusen sind, stellt mehr und mehr Reusen. Ständig stoßen Otto und Monika auf diese aalschluckenden Fallen, die sie beide an Olaf erinnern und Monika zu größerem Eifer anspornen. Nach solchen Begegnungen folgt ihr Otto in noch größerer Trauer, weil er nicht nur daran erinnert wird, Olaf verloren zu haben, sondern nun glauben muß, auch Monika nicht aus ihrer Verzweiflung retten zu können.

Der Fischer, Verursacher ihrer Not, Mörder ihres Freundes, rettet sie, ohne das zu bemerken. Der Fischer zieht eine Reuse, gerade als Otto und Monika sie umschwimmen wollen. Sofort hält Otto Monika fest und zwingt sie zuzusehen. Er zeigt ihr, wo das Netz verschwindet, vor allem zeigt er ihr die in Panik zappelnden Aale, die sich in der letzten Kammer der Reuse vergeblich nach einem Ausgang winden. Es sieht keiner von ihnen aus wie Olaf, und dennoch begreift Monika genau in diesem Augenblick, daß Olaf wirklich verschwunden ist und niemals wiederkehren wird. Es ist schon beinahe Tag, still, in sich gekehrt schwimmt Monika in ihr Versteck, gefolgt von einem ratlosen Otto, der nicht weiß, was er davon halten soll.

Nach der folgenden Tagruhe ist alles anders. Monika beginnt zu fressen, was sie nur fangen kann. Da Aale sehr lange hungern können, sie essen ja den Winter über nichts, muß sie nicht unbedingt viel aufholen, sie weiß selbst nicht warum, aber sie frißt und frißt. Den staunenden Otto, der von ihrer Wandlung hocherfreut ist, steckt sie mit ihrer Freßlust an. Den ganzen Herbst lang sind die beiden mit nichts anderem beschäftigt. Tagsüber ziehen sie sich in das immergleiche Versteck zurück, verdauen das in der Nacht Gefangene und beginnen zu reden.

Sie beginnen mit dem, was sie in ihrer doch kurzen Zeit der Trennung erlebt haben, wobei Otto häufig Olaf erwähnt. Aber auch Monika, die ja alleine weggeschwommen ist, erwähnt ihren verschwundenen Freund häufig, bis sie schließlich mehr von Olaf als von anderen Dingen sprechen. Dann nur noch von ihm. Sie bereden, wie Olaf auf bestimmte Ereignisse reagiert hätte, sie erinnern sich an bestimmte Erlebnisse mit ihm, sie wünschen ihn sich zurück. „Ach, wenn unser Freund Olaf das erlebt hätte" wird genauso zur stehenden Rede wie: „Olaf würde jetzt..."

Es sind drei Aale nötig, um das Vergessen zu verhindern, drei Aale, die sich gegenseitig vor schwimmenden Würmern oder vor Reusen bewahren können, es sind drei Aale, die eine wirklich große Freundschaft haben können. Und es war wirklich eine große Freundschaft zwischen Otto, Olaf und Monika, eine einzigartige Freundschaft, und sie ist noch nicht zu Ende. In ihren Erzählungen, in ihrem Geist, in ihrer Liebe zu ihm ist Olaf noch zwischen ihnen. Niemals mehr kuschelt er sich an, und dennoch ist es so, als wäre er nur auf einem größeren Ausflug. Die beiden Zurückgebliebenen glauben oft, seine Stimme zu hören, seinen Rat, und so sind sie nicht allein. Sie gewöhnen sich endlich sogar daran, mit Olaf zu sprechen, und so manchen glücklichen Jagderfolg glauben sie nur seiner tätigen Mithilfe zu verdanken.

Und trotzdem sind es nur zwei Aale, die zur

Heimsuchung der Gräben werden. Es dauert weniger als drei Wochen, da mußte jeder der unzähligen Fischchen mindestens einmal vor Monika fliehen, da hat Otto den Bestand an Sumpfschnecken beinahe halbiert und beide haben ihren Umfang merklich vergrößert. Die Aale werden fett.

Was bei Menschen als häßlich gilt, ist für Aale schön. Eine dicke, runde und kräftige Gestalt zeigt nicht nur Lebendigkeit und eben Stärke, das Fett ist auch nötig, um den langen Winter zu überstehen. In diesem Herbst essen sie mehr als für den Winter nötig. Sie hören nicht auf, als sie ihr normales Herbstgewicht erreicht haben, eine innere Stimme treibt sie, immer weiter zu fressen. Es ist dieselbe Stimme, die Monika ins Meer gerufen hat, die auch Otto jetzt hört. Durch das viele Fressen liegt in ihrem Winterlager denn auch ein Haufen Aal. So wie eine Riesenschlange im Terrarium sich zu einem großen Haufen zusammenrollt, so verklumpen sich die beiden Aale in einen großen Knoten. Monika ist deutlich über einen Meter lang und wiegt mehr als zwei Kilo. Otto ist kleiner, so wie alle Aalmänner kleiner als die Frauen sind, er ist auch kleiner, als Olaf es war, aber immer noch einen dreiviertel Meter lang, was länger ist, als die meisten Aalmänner werden. Es ist ihr letzter Winter in den Gräben, beide wissen das und es ist ihnen auch recht. Ohne ihren Freund Olaf wollen sie nirgendwo bleiben, am allerwenigsten an diesem Ort, der voller Erinnerungen steckt.

Vorbereitungen

Das nächste Frühjahr beginnt mit einem

Frühjahrsfressen, das der Schlemmerei im Herbst in nichts nachsteht. Sie wagen kaum, ihre Tagruhe einzuhalten, aus Angst, einen Leckerbissen zu versäumen. In solcher Freßsucht rasen sie durch die Gräben, daß die im Herbst verschonten Fische sich trotz aller Gedächtnisschwäche an die großen Räuber erinnern. Und wie im Herbst finden die großen Räuber kein Ende. Niemals ist ihr Magen ausreichend gefüllt, niemals ist die Fettschicht dick genug, solange auch nur noch eine Gräte in ihren Magen passt, fängt Monika ganze Fische, stopft Otto Krabben in sich hinein, bis ihm deren Beine aus den Mundwinkeln ragen.

Aale können nicht platzen. Sie könnten ewig fressen, wenn da nicht eine merkwürdige Verwandlung einsetzte, nicht die erste ihres Lebens, die sie wiederum völlig verändert.

Bis in das Alter, das Monika und Otto jetzt erreicht haben, werden Aale Gelbaale genannt. Sie sind nicht gelb, ihr Rücken ist dunkel, aber die Seiten und ihr Bauch könnten gelb genannt werden. Ihre Augen, die früher, als sie noch sehr klein im Golfstrom schwammen, groß waren, sind wieder klein. Und ihr Maul ist breit geworden, besonders das von Monika. In Monikas und Ottos Alter verwandeln sich die Gelbaale. Diese Verwandlung beginnt mit dem maßlosen Fressen, mit einem Appetit, der niemals nachläßt.

Ottos und Monikas Appetit läßt nicht nach. Nun fressen sie schon einen Monat lang alles, was ein Aal so fressen kann, und das ist eine ganze Menge. Sie werden größer und fetter und verlieren ihren Appetit doch nicht. Nur allmählich können sie nur noch wenig essen. Was man als Training ansehen könnte bewirkt bei ihnen nichts. Im Gegenteil, sie werden immer schneller satt, nur noch ein kleines Fischchen reicht Monika über den ganzen Tag, wo sie noch vor kurzem vier benötigt hätte. Otto geht es nicht anders. Er versucht noch, die alte Menge Krabben in sich hineinzustopfen, aber schon nach einem Viertel der gewohnten Menge stecken sie ihm im Schlund und für jede neue, die er schluckt, muß er eine andere verlorengeben.

Es ist kein Wunder, daß die Aale nervös werden. Sie wissen nicht, was ihnen geschieht, und sie können es nicht herausfinden. Es gibt keine älteren Aale, die sie fragen könnten, sie sind jetzt selbst die ältesten Aale der ganzen Gegend. Keiner von beiden kann ahnen, wohin diese Veränderungen führen, aber wohin kann das schon führen, wenn man nicht mehr essen kann. Mit seiner ganzen Rechenkraft, mit jeder Faser seines kleinen Gehirns und mit seinem Schrumpfmagen rechnet Otto aus, wie lange sie noch essen können. Bestürzt teilt er Monika mit, daß sie spätestens in zwei Monaten mit dem Hungern beginnen würden, sollte sich die Veränderung nicht mehr verändern. Monika, deren innere Stimme lauter ruft, erschrickt sich nicht. Sie beruhigt sogar ihren Freund: „Es hat alles eine Richtigkeit, Otto. Es ist uns etwas bestimmt, und das hat endlich begonnen. Schon im letzten Jahr, eigentlich schon in den Jahren davor, habe ich gefühlt, daß etwas geschehen wird. Jetzt weiß ich es. Und das ist gut so."

Die Aale selbst können nicht wissen, was menschliche Wissenschaftler herausgefunden haben, sie können nur so viel spüren, wie Monika das tut. Die

Wissenschaftler haben große Verwandlungen festgestellt. Nicht so groß, wie die Verwandlung einer Raupe in einen Schmetterling, aber ebenso wundersam. Die größte Umwandlung der Aale geschieht in ihrem Bauch, wo sie es nicht sehen können und deswegen besonders beunruhigt. Der früher große Magen, der Darm, die Leber, alle Organe, mit denen die Aale ihr Fressen verdaut haben, bilden sich zurück. Sie schrumpfen einfach, bis sie kaum noch vorhanden sind. Darum können die beiden auch kaum noch etwas essen, in einen geschrumpften Magen passt eben nicht so viel. Von außen ist das nicht zu sehen, denn es schrumpelt nicht etwa ihr Bauch, sie bleiben so rund wie zuvor. An die Stelle der Verdauungsorgane treten nun die Geschlechtsorgane und ein Haufen Muskeln. Die Geschlechtsorgane sind noch sehr klein, die werden später noch wachsen, die Muskeln dagegen würden jeden Body-Builder vor Neid erblassen lassen. Das sind die Vorbereitungen auf ihre zweite lange Reise, von der sie selbst noch nichts ahnen.

Die stärkeren Muskeln spüren beide, und beide wundern sich. Sie essen immer weniger und werden dafür immer stärker. Und das ist ja wirklich merkwürdig. Wie schon zuvor bemerkt Monika nur, daß ihnen etwas bestimmt sei, wozu auch diese Veränderung gehöre. Bei jeder weiteren Veränderung sagt sie dasselbe: Ihre Augen werden größer. Vorher wollten sie nicht gerne am Tag schwimmen, aber sie konnten es, jetzt ist es ihnen viel zu hell. Durch die großen Augen fällt so viel Licht, daß sie sogar unter Wasser eine Sonnenbrille bräuchten. Es gibt aber keine Aalsonnenbrillen, also schwimmen sie nur noch nachts.

„Jetzt geschieht es. Und das ist gut so."

Jeden Morgen, wenn sie sich eine Geschichte von Olaf erzählen und den Tag verträumen, spüren sie, daß sie härter geworden sind. Waren sie vorher weich, anschmiegsam, so fühlen sie sich inzwischen an, wie der angespannte Bizeps eines Gewichthebers. Auch das ist für Monika gut so, während Otto einerseits ratlos, andrerseits stolz auf seine neugewonnenen Kräfte ist. Darin sind Aalmänner nicht anders als Menschenmänner.

Sie verlieren ihre gelbliche Farbe und werden silberglänzend. Ihr Rücken bleibt dunkel, der restliche Körper glänzt.

„Jetzt geschieht es. Und das ist gut so."

Und ihr Maul wird wieder spitzer. Das hart erarbeitete breite Maul eines Raubaals, das ebenso Grund zu Stolz war, wie große Kraft und Körperlänge, wird wieder spitz wie das Maul eins Fünfjährigen.

„Jetzt geschieht es. Und das ist gut so."

„Aber was geschieht?" Otto ist verängstigt, weil seine innere Stimme stumm bleibt und er das rätselhaft Lächeln von Monika nicht begreifen kann.

„Ich weiß nicht, was geschieht, aber es geschieht bald. Und das ist gut so."

Die letzte Veränderung, bevor dann wirklich etwas geschieht, ist ein neu erwachender Schwimmtrieb. Als wäre er wieder ein kleiner Aaljunge in frischen Nordseewellen schwimmt Otto durch die Gräben, verfolgt von Monika, die ihr ganzes Leben nur geschwommen ist, wenn sie jagen wollte. Als würden die beiden für einen Marathon trainieren, schwimmen sie ohne erkennbaren Grund. Was die Aale nicht wissen ist, daß sie wirklich für einen Aalmarathon trainieren, einen Aalmarathon, der ihnen alles abverlangen wird, was sie in ihrem Leben an Kräften angesammelt haben.

Wieder Zuhause

An einem unscheinbaren Mittwochabend, als nichts, aber auch gar nichts auf einen besonderen Abend hinweist, geht es los. Und es ist Monikas innere Stimme, die das Signal zum Aufbruch gibt. Ausgerechnet Monika, die in ihrem ganzen Leben das Meer gemieden hat, die lieber im Süßwasser lebte und nur ihren Freunden zuliebe im Watt geblieben ist, ausgerechnet Monika bittet jetzt Otto, ihr ins Meer zu folgen. Mit dieser Frage löst sich alle Spannung in Otto. Alle Fragen nach den merkwürdigen Veränderungen fallen von ihm ab, alle Nervosität weicht von ihm und er versteht Monikas stehenden Ausspruch so gut, daß er ihn wiederholt: „Jetzt endlich geschieht es. Und das ist gut so."
Ohne sich noch einmal umzudrehen, ohne noch einmal ihre Lieblingsplätze zu besuchen, schwimmen die beiden auf die Holzwand zu. Sie kriechen über Land ohne zu zögern und bemerken nicht, wie trocken das Gras ist. Ihre Sinne sind in die Ferne gerichtet. Auch im Watt warten sie nicht auf Ebbe, die sie bequem einen Priel entlang spülen würde, die Nase ins Meer gerichtet schwimmen sie ohne Unterbrechung. Tatsächlich werden sie auf ihrer langen Reise nicht einmal zum essen anhalten.
Es ist kein Abschied, den die beiden nehmen, es ist

aber auch keine Flucht. Beide sind so konzentriert auf ihr fernliegendes, ihnen noch nicht einmal bekanntes Ziel, daß sie nichts anderes wahrnehmen. Sie sehen die Holzwand nicht, sie spüren das Gras nicht als Hindernis. Sie bemerken den Unterschied zwischen Süß und Salzwasser nicht, die Strömung im Priel gleitet an ihnen ab und sie schrecken auch nicht auf, als der dunkle Wattboden von hellem Sand abgelöst wird. Sie schwimmen und schwimmen und schwimmen.

So schwimmen sie tage und nächtelang, immer so eben über dem Meeresgrund, ohne innezuhalten. Erst als sie Helgoland hinter sich gelassen haben, ihre erste Insel nach der langen Reise durch den Golfstrom, werden sie ruhiger. Sie hören nicht auf zu schwimmen, und zu diesem Zeitpunkt ist es fraglich, ob sie das je tun werden, sie fangen aber an, miteinander zu sprechen. Statt auf die kräftesparende Methode hintereinander, schwimmen sie manchmal nebeneinander und reden, so wie sie es früher während ihrer Tagruhe getan haben. Dann machen sie sich auf die veränderte Umgebung aufmerksam, zeigen sich besondere Felsen oder interessante Fische, aber niemals hören sie auf zu schwimmen.

Sie treffen auch wieder auf eine Dornhaischule. Diesmal über fünfhundert große und kleine Dornhaie schwimmen kaum dreißig Meter unter ihnen. Beiden wird sehr mulmig zumute. Keiner von beiden hört auf zu schwimmen oder ändert sein Richtung, als wäre es ihnen egal, gefressen zu werden. Als Gelbaale wären sie wahrscheinlich von den Dornhaien bemerkt worden. Nach ihre Umwandlung in Blankaale, so nennt man die verwandelten, silbrigen, abwandernden Aale, sind sie durch ihre neue Bauchfarbe gut getarnt. Kein Dornhai kann sie von unten vom glitzernden Meeresspiegel unterscheiden, und so schwimmen sie unbehelligt weiter

Diese Tarnung ist nicht der einzige Vorteil, den ihre Verwandlung ihnen gebracht hat. Ohne sich abgesprochen zu haben, tauchen beide in größere Tiefe. Sobald das Meer tief genug ist, schwimmen sie in ungefähr zweihundert Meter Tiefe. Dorthin dringt kaum noch Tageslicht, nicht einmal die senkrecht über dem Meer stehende Sonne reicht so tief, und so brauchen sie ihre größeren Augen, um auch in dieser Dunkelheit etwas sehen zu können. Da sie nicht mehr fressen, brauchen sie ihr breites Maul nicht mehr. Ihr spitzes Maul gleitet besser durch das Wasser, sie müssen sich auf ihrem langen Weg nicht so anstrengen. Das wäre nicht so wichtig, wenn ihr Ausflug nur wenige Tage dauern würde, aber sie werden monatelang schwimmen, und da ist jeder eingesparte Flossenschlag wichtig. Es versteht sich von selbst, daß kräftige Muskeln beim Schwimmen helfen, und ihr Weg ist weit.

Wie weit ihr Weg ist, darauf kommt Otto in einem Geistesblitz, wie er auch bei klugen Aalen selten ist. Gerade als sie wieder einmal nebeneinander schwimmen und Otto, weil ihm das tägliche Aneinanderkuscheln fehlt, sich dabei an Monika reibt, fällt ihm die entscheidende Frage ein:

„Wo kommen eigentlich die kleinen Aale her?"

Sie schwimmen im Meer, in der Meerenge zwischen England und Frankreich, sie wissen nicht wohin, und sie schwimmen trotzdem ohne Pause, manchmal sehen sie einen Hai und können nur hoffen, daß dieser sie nicht sieht, da stellt Otto eine solche Frage. Monika überlegt lange, die Frage scheint ihr wichtig zu sein. Stumm schwimmt sie weiter, ein aufmerksamer Beobachter könnte sehen, wie sehr sie nach einer Antwort sucht.

„Wo kommen wir denn her?" Ihr Freund, der nicht mehr an eine Antwort glaubt, fragt weiter. Monika überlegt noch ein bißchen, dann antwortet sie:

„Es war dunkel. Ich erinnere mich sonst nicht, nur daran, daß es dunkel war. Dann sind wir im Meer geschwommen und zu einer Insel gekommen. Diese Insel liegt schon hinter uns."

Die Begegnung mit dem rätselhaften aalförmigen Fisch, aus dessen Bauch die vielen kleinen Aale geschwommen kamen, kehrt in ihre Erinnerung zurück. Als sie Otto davon erzählt, als sich beide wieder an die leckeren Fischeier erinnern, in deren Nähe später winzige Fischchen zu fangen waren, haben sie das Rätsel beinahe gelöst.

„Jemand legt diese Eier ins Wasser und später verwandeln sich die Eier in kleine Fische. Ob wir früher auch ein Ei waren?"

Man könnte lachen über Otto, der kurz bevor er selbst Eier befruchten wird, solche Gedanken von sich gibt, aber für einen Aal, der niemals Vater und Mutter hatte, kommt er der Wirklichkeit sehr nahe. Gemeinsam mit Monika errät er, daß auch die Aale aus Eiern schlüpfen, an einem dunklen Ort, und sie hoffen, daß sie an diesen Ort schwimmen, um die kleinen Aale sehen zu können. Es ist diese Hoffnung, die sie immer weiter schwimmen läßt, obwohl sie längst eine Pause bräuchten.

Es ist eintönig im dunklen Wasser. Meter um Meter,

Kilometer um Kilometer geschieht nichts. Niemand kann sich vorstellen, so lange unterwegs zu sein, und dabei noch nicht einmal sein Ziel zu kennen. Selbst ein Marathonläufer, der wirklich sehr weit läuft, weiß vorher, wie weit er laufen muß. Und kein Marathonläufer läuft durch einen dunklen Wald, in dem er nichts sehen kann. Das müssen nur blinde Läufer, und die würden auch lieber sehen. Die beiden Aale gewöhnen sich daran. Als sie an Spanien vorbei sind und ihre innere Stimme sie in Richtung der Kanarischen Inseln drängt, haben sie einen Trott entwickelt, der sie noch weit bringen wird: Zuerst schwimmt Otto fünf oder sechs Stunden voran. Monika folgt ihm ganz eng, so wie eine Gruppe Radrennfahrer sich folgt, wenn sie ein Rennen gewinnen wollen. Wenn Otto dann müde geworden ist oder es ihm allzu langweilig wird, gibt er Monika ein Zeichen. Diese schwimmt dann neben ihn und sie erzählen sich Geschichten. Meist handeln die Geschichten von Olaf, der auf diese Weise noch ihre letzte Reise miterleben kann, aber sie rätseln durchaus auch, wie weit sie noch schwimmen werden. Haben sie genug geredet, schwimmt Monika vor. Weil sie größer ist als ihr Freund und stärker, schwimmt sie länger vorweg, meistens über zehn Stunden lang. Danach erzählen sie weiter und Otto ist wieder dran.

Sehr selten geschieht etwas. Die beiden haben längst den offenen Atlantik erreicht und damit mehr als tausend Meter Wasser unter sich. Niemals sehen sie den Meeresboden, der Abwechslung in die dunkle Tiefe bringen würde, sie sehen kaum mehr als zwanzig Meter weit, so dunkel ist es. Über sich sehen sie tagsüber ein ganz schwaches Licht, in der Nacht nichts. So ist auch erklärlich, warum sie keine Fische treffen, die einzige Abwechslung, die noch möglich wäre. Zwar gibt es Millionen von Fischen in den Meeren, es sind so viele, daß niemand eine so große Zahl aussprechen könnte, aber es gibt noch so viel mehr Wasser, vor dieser Zahl muß sogar ein Pastor verstummen. Und bei so viel Wasser um jeden Fisch trifft man sich eben nicht zufällig, erst recht nicht, wenn man nur zwanzig Meter weit sehen kann. Und ihr Instinkt, ihre innere Stimme befiehlt den Aalen da zu schwimmen, wo sie keinen anderen Fisch treffen. So ein Blankaal, mit all den Muskeln und dem Fett ist nämlich ein Delikatesse für jeden Raubfisch. Und auch davon gibt es eine ganze Menge.

Eine kurze Begegnung mit einem Pottwal haben die beiden doch: Auf der langen Reise ist ihnen der Gesprächsstoff ausgegangen. Sie wiederholen alte, schon oft erzählte Geschichten, niemals bekommen sie die Geschichte mit dem riesigen Obsthaufen im Hamburger Hafen über oder ihr kurzes Gespräch mit dem Mond, aber sie reden weniger und schwimmen länger hintereinander. Sie haben gerade die Azoren hinter sich gelassen, da kommt, das Maul mit den großen, weißen Zähnen weit aufgerissen, ihnen ein Pottwal entgegen. So ein Pottwal ist riesig. Zwölfmal so lang wie Monika und so breit und hoch, daß er eine Tiefkühltruhe verschlucken könnte. Dieser Pottwal sucht keine Tiefkühltruhe, er sucht etwas, das ihm besser schmeckt. Ein großer Aal als Vorspeise kommt ihm sehr recht. Rechtzeitig entdeckt ihn Monika und wieder hilft ihnen ihr langes Zusammenleben und ihre große Freundschaft. Ohne sich lange beraten zu müssen warten sie, bis der

Pottwal glaubt, nur noch sein Maul schließen zu müssen, da flieht Otto nach vorn, Monika nach hinten. So gut kann ein Wal nicht sehen. Er hat geglaubt einen Aal fangen zu können, da teilt sich der in zwei Teile und er selbst beißt ins Leere. Bis der lange Wal an ihnen vorbei ist und sich wieder gedreht hat, schwimmen Monika und Otto wieder hintereinander, als sei nichts geschehen. Erneut nimmt der Wal Schwung. Diesmal weiß er genau, daß er den Leckerhappen fangen wird, und doch beißt er wieder nur ins Wasser. Noch zwei Mal nimmt er Maß, bis er sich von diesem teilbaren Fisch nicht mehr ärgern lassen will. Lieber schwimmt er zum Atmen an die Wasseroberfläche und sucht sich dann eine andere Mahlzeit. Jetzt haben die beiden wieder etwas zu erzählen.

Trotzdem ist diese Art von Abwechslung nichts für Monika und nichts für Otto. Sie sind aufs Schwimmen konzentriert. Das haben sie monatelang getan, und allmählich werden sie müde. Die großen Fettreserven, die sie sich im Frühjahr angefressen haben, gehen dem Ende zu, genauso wie ihre beinahe unendliche Geduld. Immer häufiger fragen sie sich, wie lange sie denn noch schwimmen müssen, und wie lange sie das überhaupt können. Geduld, jetzt ist es nicht mehr weit, möchte man ihnen von außen zurufen, um ihnen den letzten Rest des Weges zu erleichtern, sie hören niemanden als nur sich selbst. Aber da, in ihnen, hat die letzte Verwandlung ihres Lebens begonnen, und sobald sie diese bemerken, werden sie auch wissen, daß es nicht mehr weit ist.

Was in Europa nur zögerlich begann, vollzieht sich hier in großen Schritten. Die Verdauungsorgane, die sich zurückgebildet haben, haben für Muskeln und Fett Platz gemacht. Fett und Muskeln wiederum machen nun Platz für die Geschlechtsorgane. In Monika bilden sich Eier in unheimlicher Zahl und in Otto der Samen, der diese Eier befruchten wird. Auch darum werden die beiden müde, denn schon die Vorbereitung auf die Fortpflanzung ist für Fische ein sehr anstrengendes Geschäft, das ihre letzten Kräfte fordert.

Irgendwann im Laufe dieser letzten Verwandlung bemerken die Aale, daß bald etwas ungeheures geschehen wird, etwas, das größer ist als die Jagd nach einem Frosch, größer als die Flucht vor einem Pottwal, größer sogar als Wasserflohreiten in Farbe. Als sie das bemerken, beginnen sie auch andere Aale zu treffen. Mitten im Meer, fünftausend Meter Wasser unter sich, ohne Sicht auf eine Küste, auch die sonst allgegenwärtigen Schiffe, deren Lärm so weit zu hören ist, sind schon lange nicht mehr in ihrer Nähe gewesen, mitten im Meer also treffen sie Aale. Erst sehen sie nur einen, der in die gleiche Richtung schwimmt, aber etwas langsamer ist als sie selbst, dann treffen sie einen, dem sie sich anschließen. Mit diesem zusammen treffen sie andere Grüppchen und schließlich ist es ein langes Band von Aalen, das sich durch den Atlantik in die Sargossa-See zieht. Und wie von Zauberhand gestoppt hält dieses Band an einem Punkt, der sich in nichts von seiner Umgebung zu unterscheiden scheint. Die ersten Aale hören auf zu schwimmen, sie schweben im Wasser auf und ab, und kein Aal schwimmt weiter als sie.

Monika und Otto sind vollkommen erschöpft. Sie glauben, keinen Meter mehr schwimmen zu können und sind unheimlich stolz, es so weit geschafft zu haben. Wie die anderen Aale wissen auch sie, daß sie ihr Ziel erreicht haben und sind gespannt, was nun geschehen wird. Es geschieht zunächst nichts. Sie erholen sich vom langen, langen Schwimmen, sie denken beide an ihren Freund Olaf, der sicher schon erfahren hätte, was die anderen Aale wissen. Sie selbst beachten die anderen nicht. Ruhig schlängeln sie im schummrigen Licht, in dem sie sich gerade noch sehen können und kommen sich dabei immer näher. Sie sinken ein bißchen tiefer, es wird dunkler, aber sie berühren sich ständig, sie müssen sich nicht mehr sehen.

Ihre Berührung fühlt sich anders an als das vertraute Aneinanderkuscheln in Tag und Winterlager. Sie dulden keine anderen Aale mehr in ihrer Nähe, niemand soll sich zwischen sie drängen. Sie fühlen ihre Körper anders. Otto ist nicht mehr stolz auf seine starke Freundin, er schlängelt sich um ihren Körper und wünscht, diese Berührung möchte nie enden. Er bewundert ihre vollkommene Rundung und kann ihren prallen Bauch nur mit Schaudern berühren. Er läßt sie nicht mehr los. Seiner Freundin Monika geht es nicht anders. Hat sie bei ihrer Ankunft noch andere Aale angesehen, manche Männchen sogar bewundernd, so hat sie nun nur noch Augen für ihren Otto. Sie genießt seine Berührung mehr als irgendetwas in ihrem Leben und hält ihn so fest, wie er sie.

Ineinander verschlungen schweben die beiden langsam in die Tiefe. Sie machen keine Schwimmbewegungen mehr, sie fühlen nur noch sich und sinken weiter. Ihre liebkosenden Bewegungen, ihre Verschlingungen drücken ihre Bäuche, aus denen Eier und Samen quellen.

Es gibt keine Worte, die ihr Glück beschreiben können. Jetzt bemerken und wissen sie, daß sie nicht zusehen werden, wie ein anderer Aaleier bringt, sie selbst bringen sie und werden so zu Eltern vieler, vieler kleiner Aallarven. Monika und Otto brauchen keine Worte. Stumm, mit Augen, die größer sind und tiefer als der ganze Ozean, sinken sie weiter und drücken sich. Inmitten ihrer Eier treffen sie auf den Tang, dem sie selbst vor vielen Jahren entschlüpft sind. Ihre klebrigen Eier halten sich daran fest, sie brauchen noch einige Zeit der Reife, bis die Aallarven schlüpfen können, Monika und Otto sinken weiter.

Sie sind so erschöpft, daß sie sterben könnten und sie sind so glücklich, daß sie sterben könnten. Ineinander verschlungen sinken sie in die Tiefe und niemand hat je wieder etwas von ihnen gesehen. Nach wenigen Wochen aber drängt und zappelt es in ihren Eiern und kleine, rote Köpfe zeigen, daß diese Geschichte wieder von vorne beginnt.